일제침탈사 34
바로알기

금지된 무대, 동원된 연극

일제의 연극 통제

● 박영정 지음 ●

동북아역사재단
NORTHEAST ASIAN HISTORY FOUNDATION

발간사

일본이 한국을 침탈한 지 100년이 지나고 한국이 일본의 지배로부터 벗어난 지 80년이 넘었건만 식민 지배에 대한 청산은 이루어지지 못하고 있습니다. 일본의 독도영유권 주장은 도를 넘어섰습니다. 일본은 일본군'위안부', 강제 동원 등 인적 수탈의 강제성도 인정하지 않고 있습니다. 일본군'위안부'와 강제 동원의 피해를 해결하는 방안을 놓고 한일 간의 갈등은 최고조에 이르고 있습니다. 역사문제를 벗어나 무역분쟁, 안보위기 등 현실 문제가 위기 국면을 맞고 있습니다.

한일 간의 갈등은 식민 지배의 역사를 어떻게 볼 것인가 하는 역사 인식에서 기인합니다. 역사는 현재와 과거의 대화이며 이를 기반으로 미래로 나아갈 수 있습니다. 과거 침략의 역사를 미화하면서 평화로운 미래를 말하는 것은 불가능합니다. 식민 지배와 전쟁 발발의 책임을 인정하지 않고 반성하지 않으면 다시 군국주의가 부활할 수 있고 전쟁이 일어날 위험성도 배제할 수 없습니다. 미래지향적 한일관계를 형성하고 나아가 동아시아의 평화와 번영의 기틀을 조성하기 위해 일본은 식민 지배의 책임을 인정하고 그 청산을 위해 노력해야 할 것입니다.

식민 지배의 역사를 청산하기 위해서는 식민 지배가 어떻게 이루어졌는지 그 실상을 명확하게 규명하는 일이 긴요합니다. 그동안 일본제 국주의에 맞서 조국의 독립을 위해 헌신한 독립운동가들의 활동을 찾아내고 역사적으로 평가하는 일에는 상당한 성과를 거두었습니다.

반면 일제 식민침탈의 구체적인 실상을 규명하는 일에는 충분한 노력을 기울이지 못했습니다. 제국주의가 식민지를 침탈했다는 것은 너무나 당연한 사실로 여겨졌기 때문에 굳이 식민 지배에서 비롯된 수탈과 억압, 인권유린을 낱낱이 확인할 필요가 없었는지도 모릅니다. 그러는 사이 일본은 식민 지배가 오히려 한국에 은혜를 베푼 것이라고 미화하고, 참혹한 인권유린을 부인하는 역사부정의 인식을 보이는 데까지 이르고 있습니다. 일제의 통치와 침탈, 그리고 그 피해를 종합적으로 조사하고 편찬할 필요성이 여기에 있습니다.

일제침탈사를 체계적으로 정리하는 일은 개인이 감당하기 어렵습니다. 이에 우리 재단은 한국학계의 힘을 모아 일제침탈사 편찬위원회를 꾸렸습니다. 편찬위원회가 중심이 되어 일제의 식민지 침탈사를 정치·경제·사회·문화 모든 방면에 걸쳐 체계적으로 집대성하기로 했습니다. 일제 식민침탈의 실체를 파악하기 위해 2020년부터 세 가지 방면으로 사업을 추진하고 있습니다. 하나는 일제침탈의 실상을 구체적이고 생생한 자료를 통해서 제공하는 일로서 〈일제침탈사 자료총서〉를 편찬합니다. 다른 하나는 이들 자료들을 바탕으로 연구한 결과물을 〈일제침탈사 연구총서〉로 간행합니다. 그리고 연구의 결과를 대중들이 이해하기 쉽게 〈일제침탈사 교양총서〉를 '바로알기' 시리즈로 간행합니다. '바로알기' 시리즈는 우리 중학교, 고등학교 학생들도 어렵지 않게 읽을 수 있도록 제작했습니다. 오랫동안 학계에서 공부해 온 전문가 선생님들이 일제 침탈과 관련된 다양한 주제를 집필해 주셨습니다. 이해하기 쉽도록 해당 주제를 사안별로 나눠 집필해서 가독성을 높였고 사진과 도표도 충분히 곁들였습니다. '바로알기' 시리즈를 통해 많은 시민과 학생들이 제국주의 일본의 한반도 침탈과 그로 인한 피해 실상을 바로 알 수 있게 되기를 바랍니다.

2025년

동북아역사재단 이사장

차례

1

검열과 진흥: 연극 통제의 두 얼굴

우리나라의 연극은 고대국가의 제천의식(祭天儀式)에서부터 시작된 오랜 역사를 가지고 있다. 탈춤이나 꼭두각시놀음 같은 다양한 전통 연희가 대중의 사랑 속에 유통되고 있었다. 옛날에는 오늘날과 같은 극장(劇場)이 없었기 때문에 우리나라의 전통 연희는 대부분 야외에서 진행되었다.

마을이나 장터에서 연희가 실내 극장으로 들어온 것은 1902년 건립된 협률사(協律社) 희대(戲臺)가 처음이다. 다양한 전통 연희를 상연하던 협률사 희대는 1908년 원각사 극장으로 이름을 바뀌면서 이인직(李仁稙)의 《은세계》 등 새로운 형식의 작품을 상연하여 주목을 받았다. 이후 극장이 점점 늘어나면서 1910년대에는 극장이 새로운 문화적 매체로서 시대적 흐름을 형성했다. 물론 이보다 앞서, 일본인 거류 지역, 특히 부산에 이주한 일본인들의 극장 공간은 1880년대부터 등장하였지만, 우리 전통 연희를 상연한 실내극장은 희대가 최초였다.

1910년대 서울은 창극(唱劇)을 비롯한 전통 연희와 일본에서 수입된 신파극(新派劇)이 서로 경쟁을 벌였다. 1920년대에는 유럽 근대극의 성격을 갖춘 신극(新劇)이 등장하며 새로운 흐름을 만들었고, 기존 신파극은 대중극으로서의 위치를 강화하면서 그 생명력을 이어 나갔다. 이후 창극, 악극, 만담 등 다양한 공연들이 대중적 흥행에 성공하면서 연극계를 형성해 나갔다.

하지만 당시에는 관객층이 두텁지 않았고, 제작 시스템이나 자본이 취약했기 때문에 오늘날과 같은 연극 산업 환경을 구축했다고 보기는 어렵다. 이 시기는 새로운 극장 공간을 기반으로 한 근대적인 문화로서 연극이 형성되던 단계, 즉 '형성기'로 볼 수 있다. 더욱이 일제의 식민통치 아래에 있었고, 연극 또한 그러한 외부 환경에서 자유롭지 못했기 때문에 자율적인 근대극의 형성과 발전에는 한계가 있었다.

이 책은 이 시기 한국 연극의 발전 과정 자체가 아니라 일제의 간섭과 침탈이 한국 근대극의 자연스러운 발전을 어떻게 방해하였는지를 살펴보는 데에 목적이 있다. 따라서 근대극의 발전 과정을 따라가면서 일제가 어떤 방식으로 개입하였고, 그 결과 한국 연극의 발전에 어떤 영향을 끼쳤는지를 살펴볼 것이다.

일제의 연극에 대한 개입과 침탈과정은 세 시기로 나눌 수 있다. 첫째는 강제병합에서 3·1운동이 일어나는 1910년대까지, 둘째는 1920년대부터 1937년 중일전쟁 발발 전까지, 그리고 셋째는 중일전쟁 이후 1945년 광복까지의 시기이다.

첫 번째 시기에는 극장 공간에 대한 풍속 통제가 주를 이루었다. 강제병합 전후로 일본인이 우리나라로 이주하면서 일본의 극장 문화도 함께

들어왔다. 그 과정에서 '신파극'이라는 새로운 형태의 연극이 자리를 잡았고, 우리 전통 연희인 판소리에서 창극이 발전하였다. 1908년 원각사에서 상연된 《은세계》를 시작으로, 1910년대는 신파극의 전성기이자 전통 연희가 극장에서 함께 상연되는 장르적 혼종기였다. 극장 공간이 상풍패속(傷風敗俗)의 장으로 인식되던 사회적 분위기와 맞물리면서 연극은 풍속 통제의 대상이 되었다.

두 번째 시기에는 연극 작품과 연극 단체에 대한 검열 중심의 직접 통제 시기였다. 1920년대에 들어서면서 일본 도쿄(東京) 유학생을 중심으로 서양 근대극을 토착화한 '신극'이 발전하였고, 이를 통해 극장은 근대 문명의 상징적인 공간으로 자리 잡게 되었다. 또한 이 시기에는 사회주의 연극이 등장하여 일제 통제의 표적이 되었다. 사회운동과 결합된 소인극(素人劇) 역시 극장의 전문 공연 못지않게 통제의 대상이 되었다. 당시는 '문화통치기'로 언론과 출판뿐 아니라 극장 문화가 도약기에 들어섰고 근대적 예술 장르의 하나로 사회적 위치를 확립하였다. 동시에 신문, 출판물에 대한 검열과 함께 연극 대본 및 공연에 대한 검열도 본격화하였다. 더욱이 이 시기에는 공연을 통제하기 위한 각종 법령들이 만들어져 검열이 제도화되었고, 연극 관계자에 대한 물리적 침탈도 공공연히 자행되었다.

세 번째 시기는 당국이 연극 제작에 적극 개입한 국가 동원 방식의 통제 시기이다. 1937년 이후 전시(戰時) 총동원 체제가 본격화되면서, 연극 관련 단체의 통폐합과 연극경연대회 개최 등 연극의 내용과 활동을 당국이 직접 '지도'하는 새로운 단계에 들어섰다. 이전 시기까지만해도 연극계는 여러 극단들이 흩어져서 겨우 명맥을 유지하는 상태였고, 조선총독부는 치안이나 풍속을 해치는 연극에 대해서만 검열을 통해 규제하는 소극적 통제방식을 취했다. 그러나 이 시기에는 연극을 전시동원 체제에 편제하여 연극계의 모든 인적·물적 자원을 당국이 직접 관리하는 방식으로 크게 바뀐다. 이 시기에는 '연극의 진흥(振興)'을 앞세워 연극인과 연극 단체, 공연 활동에 대한 국가 통제가 이루어졌다.

이 책은 앞서 살펴본 시기 구분에 따라 장을 구성하고, 각 시기별로 연극 상황과 일제의 연극 통제 양상을 주요 사례를 중심으로 다룰 것이다. 또한 각 장에서 해당 시기별 연극 관련 법제 변화를 함께 살펴봄으로써 당시 연극 통제의 제도적 측면도 파악할 수 있도록 하였다.

2

풍속 통제를 통한 연극 길들이기

1) 풍속 개량을 내세운 전통 연희의 통제

1902년 협률사 설립 이후 실내 공간에 들어온 전통 연희는 종합공연물로 극장 흥행을 만들어 갔다. 1900년대 후반에는 원각사, 광무대, 장안사, 연흥사 등 여러 연희장(演戲場)이 생겨났고, 대체로 전통 연희를 중심으로 공연이 이루어졌다. 1905년 통감부가 설치된 이후 연극 개량의 목소리가 높아졌다. 전통 연희가 풍속을 어지럽히는 음란패속(淫亂敗俗)이라서 교육적으로 좋지 않으므로 즉각 철폐해야 한다는 주장이었는데, 그 대표적인 논조가 협률사 혁파론(革罷論)이다.

문제는 일본에서 건너온 신파극이 그 대안으로 제시되었다는 점이다. 연극 개량론과 함께 경찰 극장 단속을 실시하면서 당시 전통 연희를 하던 연극 담당자들 사이에는 일본 연극을 배우려는 움직임도 있었다.

이러한 변화와 흐름 속에 이인직이 이끌던 원각사에서 신연극《은세계》

〈그림 1〉 이인직의 《은세계》가 공연되었던 원각사 극장. 지금의 광화문 새문안교회 근처에 있었으며, 당시 일본에서 발간된 책자에서는 '경성 기생의 연기장'으로 소개되고 있다

출처: 井手正一, 1910, 『韓國併合紀念帖 下巻』, 東京: 駸駸社.

가 공연되었다. 흥미로운 점은 이 공연의 출연자들이 판소리를 하던 광대 출신인데도 불구하고 공연의 성격이 일본의 신파극에 보다 가까웠다는 것이다. 《은세계》 이전의 공연들이 여러 장르가 섞인 종합공연의 성격이었다면, 《은세계》는 거대한 서사가 있는 장편의 '단일 드라마'였다는 점에서 우리 연극사에 중요한 획을 긋는 공연이었다. 상당한 분량의 대사(이를 창으로 표현했는지 대사로 표현했는지 확인되지는 않지만)로만 극의 서사가 펼쳐진다는 것만으로도 《은세계》는 새로운 무대를 보여 준 것이었다.[1]

그런데 《은세계》 등장 전후의 연극계 상황을 살펴 보면, 극장 운영 권

---

1 《은세계》가 창극으로 공연된 것인지 화술극으로 공연된 것인지에 대해 여러 논의가 있지만 구체적으로 확인된 바는 없다. 신소설 『은세계』 외에 연극 대본이 존재했는지도 확인된 바 없다.

반에 경찰이 직접 개입하고 있었다는 것을 확인할 수 있다. 예를 들어, 1908년 이인직과 박정동이 원각사 극장을 설립할 때 경시청(警視廳)의 승인을 받아야 했다. 극장의 설립 단계부터 경찰의 감독을 받고 있었던 것이다. 또한 당시 한성의 극장들이 자정 넘어 공연을 하여 주변 주민들의 수면을 방해하는 사례가 많아, 각 경찰서에서는 '위생경찰규칙(衛生警察規則)'을 내세워 심야 공연을 금지하였고, 이를 어기면 처벌하기도 하였다.

당시 경찰에서는 극장에서 벌어지는 풍속 문란 행위를 막기 위해 극장 시찰뿐만 아니라 보다 근본적인 대책 마련을 위해 별도의 규칙을 제정하려는 시도까지 했다. 경시총감이 직접 한성 연희장과 제반 기생들의 정황을 일일이 시찰하기도 하였다. 또 경시청 과장이 순사를 대동하고 각 극장을 시찰하면서, 극장 사원과 창부 등을 소집하여 풍속을 어지럽히는 연극은 일체 폐지하라고 지시하기도 하였다. 그런가 하면 경시청에서는 각 극장의 총무를 불러 풍속을 문란하게 하는 연극은 일절 폐지하라고 지시하였다. 내부(內府) 경무국에서도 각 극장의 창부를 단속하기 위한 규칙 제정을 협의하였고, 중부경찰서에서는 관내 극장을 단속하기 위한 '취체규칙(取締規則)'을 제정하려고 하였다. 극장에서 화투나 골패, 매음을 하는 등 풍속을 문란하게 하는 사례가 많아 경찰 당국이 이를 단속하게 되었다는 것이다.

대체로 풍속괴란(風俗壞亂)을 단속한다는 명분이었지만 경찰의 지나친 단속은 또 다른 사회문제가 되기도 하였다. 결국 극장에 형사나 순사 외에는 단속을 이유로 출입할 수 없도록 제한하였고, 그마저도 한 극장에 한 명만 출입하도록 하였다. 또한 경시청 일반 순사들이 매일 밤 관람을 명분으로 극장을 드나드는 일이 많아지자 입장권을 발급하여 출입을 통제할 정도였다. 심지어 헌병 보조원이나 정탐꾼을 사칭해 극장에 출입하는 사례도 많아서 극장 운영에 방해가 되었다. 이에 따라 경시청과 일본 군사령부가 협력하여 조사를 실시하고, 감찰반을 파견하여 밤마다 각 극장을 순찰하기도 하였다. 강제병합 직전인 1910년 6월, 경시청은 각 극장을 자유로이 출입할 수 있는 입장권 60장을 만들어 각 경찰서의 순사와 경시청 순사들에게 나누어 주었다. 이때 만든 입장권이 60장이라 하니 당시 한성에서는 최대 60명의 경시청과 시내 각 경찰서 담당 인력이 동시에 극장을 순찰할 수 있었던 셈이다.

그런데 문제는 극장의 풍속괴란을 내세워 전통 연희를 단속하는데 그치지 않고, '일본 연극'을 모범적 대안으로 유도해 나갔다는 데 있다. 1909년 5월 재성이 어려웠던 원각사가 재기를 위해 일본 연극을 연습했다고 하는데 이는 일본 연극이 재정을 타개하는 데 도움이 되었던 시대적 풍조일 수도 있지만 경찰 당국의 의도와 무관하지 않았던 것으로 보인다. 1909년 6월 경시청은 각종 연극이 풍속을 문란하게 하고 인심을 현혹한다는 이유로 일본 연극을 본보기로 하는 규칙을 만들어 각 경찰서에 보냈다. 1910년 3월, 신명학교 강사 박동윤 등은 일본인들과 함께 신연극연구회를 조직하고, 한성 내 여러 극장을 묶어 조합 형태로 운영하겠다는 계획을 경시청에 청원했다. 이는 당시 서울의 극장들이 일본 연극을 본보기로 삼아 새로운 연극을 만들기 위해 노력한 구체적 사례다. 이에 대한 결과가 확인되지는 않지만 1910년 강제병합 이후 일본식 신파극이 조선 연극계에 새롭게 자리 잡는 데 언론의 비판과 경시청의 눌리적 힘이 작용했다는 것은 부인하기 어렵다. 경찰의 극장 단속의 시작은 풍속이나 위생 문제였지만 결과적으로 전통 연희를 배제하고, 일본 연극, 즉 신파극 이식(移植)으로 이어지는 발판이 되었던 셈이다.

2) 풍속 개량을 통한 신파극의 이식과 통제

1910년 강제병합 이후에도 1900년대 후반의 흐름은 지속되었다. 달라진 점이 있다면 일본 신파극을 본뜬 식민지 조선의 신파극이 새로운 연극 형태로 자리 잡았다는 것이다. 1910년대 연극계에서도 풍속과 위생은 경찰 단속의 주요 명분이었다. 문제는 경찰의 단속이 계속되면서 연극 담당자 스스로 일종의 '자기검열'을 거쳐 시류에 영합하는 내용으로 공연을 구성하게 되었다는 것이다.

1910년대 신파극을 선도한 혁신단(革新團)의 공연에 대해 『매일신보』는 '풍속 개량을 목적으로 한 선량한 연극'이라며 높이 평가했다. 이렇게 앞에서는 『매일신보』가 치켜세우고 뒤에서는 경찰이 관리하는 방식으로 1910년대 연극계는 신파극이 주류 연극으로 자리 잡아 갔다. 일제가 원하는 1910년대 연극계의 기본 방향은 『매일신보』를 통해 제시되었다. 『매일신보』는 전통 연희에 대해서는 '풍속을 문란'하게 한다는 부정적 기사를, 신파극에 대해서는 '풍속 개량의 모범'으로 내세우는 기사를 쏟아 냈다.

전자의 사례를 보면, 1910년 9월 경찰 과장(이헌규)이 극장 장안사를 시찰하다가 《춘향가》를 보고서 상풍패속의 연극이라는 이유를 붙여 즉시 상연을 금지시켰다. 또한 1911년 7월 북부경찰서는 관내 각 파출소에 각 극장에 대하여 풍속괴란이 되는 것은 모두 금지하고, 극장 내부를 항상 청결하게 유지하여 위생에 문제가 없도록 지시했다. 또, 공연 시간은 매일 오후 11시 30분을 넘기지 못하게 하고, 과목(科目)을 개량하거나 폐지

〈그림 2〉 이해조 소설 『산천초목』의 표지화. 혁신단이 주로 활동하였던 연흥사 극장의 모습이 그려져 있다.

출처: 이해조, 1912, 『산천초목』, 유일서관.

하는 것을 상세히 보고하도록 조치하였다. 실제 1912년 3월에 혁신단이 《사람이냐 귀신이냐 제 아들을 죽이는 연극》을 연흥사에서 공연하겠다고 청원하자, 해당 경찰서는 일단 공연을 허가하되 만약에 공연 장면 가운데 '풍속을 괴란하거나 안녕질서를 방해하는 과목'이 있으면 즉시 그 허가를 취소하겠다는 조건을 달았다. 연흥사에서 상연된 혁신단의 연극이 치안 방해와 풍속괴란에 관한 작품으로 흥행하면서 우매한 남녀의 마음을 맹동(盲動)케 한다는 소문이 돌았다. 이에 당국은 철저한 조사를 지시하고, 소관 경찰서에 특별 단속을 명했는데, 북부경찰서에서는 그 전에 이미 그 극단 배우 임성구를 불러 엄중히 설유(說諭)하고, 만일 우매한 인민으로 하여금 심지를 요동(搖動)케 하는 대사가 있다면 연극 정지의 처분을 집행하겠다고 경고한 일도 있다.

반면 『매일신보』는 같은 연흥사에서 상연하는 연극이라도 풍속의 선량한 이야기를 연구하여 만든 '특별한 신연극'(신파극으로 추정됨)에 대해서는 관객이 운집한다고 하면서 관람을 유도했다. 『매일신보』는 이 공연에 관람자가 밤마다 운집해도 남녀의 객석이 정숙하여 혼잡한 상태가 털끝만큼도 없다는 기사를 통해 연흥사 연극을 적극 홍보하였다.

이처럼 1910년대에 들어서자 연극에 대한 경찰의 개입은 일상화되었다. 풍속과 위생을 내세우며 공연 시간이나 공연 종목까지 관여하였고, 공연 중에 공연을 정지시키거나 연극 관계자를 직접 호출하여 주의를 주기도 하였다. 이미 허가를 내 준 공연에 대해서도 언제든 경찰이 허가를 취소하여 공연이 중단될 수 있었다. 특히 1910년대에는 『매일신보』를 중심으로 일방적인 비평이 이루어지면서 신파극과 구파극의 구분을 만들어 내고, 결과적으로 신파극은 『매일신보』와 경찰 당국의 엄호 아래 전통연희를 구파극으로 밀어내면서 1910년대 주류 연극으로 자리 잡았다. 이런 외적 조건 속에서 새로운 연극으로 자리를 잡은 신파극은 근대적 자각을 반영하지 못한 '눈물'의 연극, 식민지배 체제에 순응하는 연극의 한계를 벗어나지 못하였다.

3) 연극 통제의 법제적 기원

연극 통제는 크게 세 가지로 나눌 수 있는데 예술로서 연극 작품에 대한 통제, 연극이 상연되는 장소로서 극장에 대한 통제, 연극을 수행하는 연극 관계자에 대한 통제이다. 이 시기 연극 통제 법령은 '연극'이라는 장르명을 명시한다기보다 '흥행(興行)'의 범주 아래 연극을 포함하는 방식으로 만들어졌다.

초기 연극 통제 관련 법령은 부산에서 먼저 만들어졌는데, 재부산(在釜山) 일본영사관에서 제정한 규칙들이다. 최초의 법령은 1881년 12월 15일 제정된 「거류인민영업규칙(居留人民營業規則)」으로 단속 대상 15개 업종 중 '연극'이 포함되어 있다. 1895년에는 극장 공간을 직접 대상으로 한 「극장취체규칙(劇場取締規則)」(1895.7.24)이 부산 일본영사관 규칙 제15호로 제정되었다.[2] 특히 일등영사관 가토 마스오(加藤增雄) 명의로 공포되고, 8월 1일 자로 시행된 극장취체규칙은 부칙을 포함한 23개조로 되어 있다. 극장의 개념 정의, 극장 건축과 관련한 규정, 연극 흥행의 허가제, 극장의 위생과 풍속에 관한 사항, 개장시간에 관한 사항, 풍속상 관객의 주의 사항, 경찰관 임검(臨檢)[3]에 관한 사항들이 세세하게 규정되어 있다. 규칙의 이름에서도 확인할 수 있듯이 이는 최초의 연극 통제 관련 법령이라 할 수 있다.

---

2 최현오, 2021, 「초창기 부산 영화사 연구-극장과 영화 흥행 산업을 중심으로(1889년~1925년)」, 부산대학교대학원 박사학위논문에서는 이를 부산이사청에서 제정한 규칙으로 소개하고 있으나 부산이사청 설립이 1896년 3월이므로 이는 부산 일본영사관에서 제정한 것으로 보아야 한다.

3 '임검'이란 연극을 단속하는 경찰관이 극장 객석에서 실제 공연을 보면서 감독하는 것을 말한다. 대본에 대한 사전검열이 사무실에서 이루어진다면, 임검에서는 검열을 통과한 대로 실제 공연이 이루어지는지 확인하는 과정이라 할 수 있다.

제7조 연극 흥행을 하려고 하는 때는 예인(藝人, 배우)의 족적(族籍),[4] 씨명, 연령, 예명(藝名), 흥행 일수, 시간을 자세히 기재하고, 예인의 여권(旅券)을 첨부하여 개장(開場) 2일 이전에 거류민단 총대(總代)의 오서(奧書)를 받아 경찰서에 원출(願出)하여 허가를 받아야 한다. 다만 날짜를 연기하는 흥행원(興行願)[5]은 전일(前日)까지 출원(出願)할 수 있다.

(중략)

제11조 객석을 암흑으로 하거나 또는 관객을 예인의 휴식소(休息所)에 들어가게 하거나 혹은 예인을 객석에 들어가게 해서는 안 된다.

제12조 관객에게 제비뽑기를 하게 하여 경물(景物)을 주거나 기타 여러 가지 명목의 출전(出錢)을 종용해서는 안 된다.

제13조 극장 안은 청결하게 하고, 흥행 중 변소는 매일 소제(掃除)해야 한다.

제14조 흥행 시간은 일출부터 오후 11시까지로 한다.

제15조 정원 외의 관객을 들여서는 안 된다.

제16조 입장료, 좌석료, 신발보관료 등의 금액은 잘 보이는 장소에 게시해야 한다.

제17조 경찰서는 흥행 중 경찰관리를 임검(臨檢)시켜 연극의 소작(所作)에 풍속을 괴란(壞亂)하거나 혹은 안녕질서를 해치는 것이라고 인정될 때는 그를 정지시킬 수 있다.

제18조 연극 중 관객은 다음 사항을 준수해야 한다.

1. 방담(放談), 고화(高話), 기타 훤화(喧譁)로 남을 방해해서는 안 된다.

---

4 본적(本籍)과 유사한 단어로 혈연적인 출생 배경을 표시한다.

5 흥행 일자를 연장할 때 제출하는 서류를 말한다.

2. 함부로 무대에 오르거나 또는 하나미치(花道)[6]를 배회해서는 안 된다.

3. 모자를 써서 남을 방해해서는 안 된다.

4. 웃통을 벗거나 나체, 피협(被頬), 기타 그에 유사한 꼴사나운 소위(所爲)를 해서는 안 된다.

제7조를 보면 경찰의 허가 없이는 공연을 할 수 없다. 공연 허가 신청 시 공연에 참여하는 예술인의 자세한 인적 사항도 함께 기재해야 하는 것도 주목할 부분이다. 제17조에서는 이미 허가받은 공연이라도 경찰관리가 공연 중 풍속을 해치거나 안녕질서를 해치는 내용이 있으면 즉석에서 공연을 중지시킬 수 있도록 하고 있다. 제11조~제16조의 내용은 극장의 청결, 관객의 안전, 부당한 금품 갈취 금지, 공연 시간 제한 등을 규율함으로써 안전하고 위생적인 극장 문화, 궁극적으로는 문명 공간으로서 극장을 지향하고 있다. 제18조에서는 관람 시 관객이 지켜야 할 항목을 명시하여 관객들의 '문명인화(文明人化)'를 유도하고 있다. 극장에 관한 규칙이지만, 극장에서 이루어지는 연극 흥행과 관객 준수 사항까지 규정하고 있는 것은 이 시기 연극 통제의 핵심이 '풍속경찰'에 있었음을 보여 주는 것이다.

이처럼 성문화된 연극 통제 법령이 부산에서 처음으로 만들어진 이유는 부산에 가장 먼저 근대적 극장이 등장했기 때문이다. 우리나라 최초의 실내공연장이라 할 수 있는 '요술옥(妖術屋)'이 1880년대 말부터 부산에서

6 하나미치(花道)란 일본 가부키극장에서 무대 왼쪽에서 객석으로 뻗어 나온 통로를 말한다. 배우의 등퇴장이나 행렬, 전투 장면 등에 활용된다.

운영되면서 관련 규칙의 필요성이 현실적인 문제로 떠올랐다. 다만 이 취체규칙은 일본인 거류지 극장을 대상으로 한 것으로 사실상 일본의 국내법을 부산 일본인 거류지에 적용한 것이라 볼 수 있다.[7] 앞서 인용한 조항 제7조에 "예인의 여권을 첨부하여"라는 표현으로 보아, 일본 극단이 부산의 일본인 거류지에서 공연할 때 적용되는 법령이라 할 수 있다. 따라서 지리적으로는 국내 최초의 극장·연극 관련 법령이지만, 그 실제 성격으로 보면 일본의 취체규칙이라 볼 수 있다.

1906년 부산이사청이 설립된 이후에도 일본영사관의 극장취체규칙은 계속 적용되었다. 극장취체규칙은 강제병합 직전인 1910년 부산이사청령 제1호 「극장요세취체규칙(劇場寄席取締規則)」이 제정되면서 폐지되었다. 극장요세취체규칙은 부록을 포함해 총 11개 조항으로 이루어져 이전의 극장취체규칙에 비해 조문 수가 크게 줄었다. 건축 관련 조항은 '요세'[8]를 포함하면서 보다 더 세분화된 반면, 앞서 인용한 연극 흥행이나 관객 규정 부분이 대거 삭제되었다. 대신 '연극 흥행'과 관련해서는 부산이사청령 제2호 「흥행취체규칙」(1910.4.1)에 통합되었다. 총 11조로 구성된 흥행취체규칙에서는 앞서 제정되었던 극장취체규칙의 연극 흥행 관련 조문보다 간단해졌지만 흥행 인가제, 흥행시간, 위생 및 풍속 관련 취체에 대해 규정하고 있다. 공연이 이루어지는 물리적 공간인 극장, 요세 관련 규칙과 여러 공연물의 흥행을 관리하는 규칙으로 분화된 체계를 갖추었다.

---

7 1882년 2월 도쿄에서 극장취체규칙이 고시되었고, 이후 경시청령으로 「연극취체규칙」(1900), 「요세취체규칙」(1901)이 공포, 시행되었다. 부산 일본영사관의 극장취체규칙은 도쿄의 극장취체규칙을 원본으로 한 것으로 보인다.

8 요세(寄席)란 일본에서 만담, 마술, 조루리 등 다양한 기예를 주로 공연하는 작은 극장을 말한다.

〈그림 3〉 1909년 부산 부평동 소재 부산좌(釜山座) 진경. 부산좌는 일본인 거류지에 있던 대표적인 극장 가운데 하나로 1907년 일본인에 의해 건립되었고, 1923년 화재로 전소되었다.

출처: 한국저작권위원회, 공유마당 사이트(https://gongu.copyright.or.kr)

1910년 강제병합이 이루어진 이후에는 경기도를 비롯한 여러 지역에서 연극 관련 취체규칙의 제정이 제기되거나 시도되었지만 구체적으로 제정된 결과는 보이지 않는다. 이 시기에 연극 관련 취체 법령이 제정되지 않은 것은 법적 규율 없이 경찰의 활동만으로도 취체가 가능했기 때문으로 보인다. 1910년 연극과 극장 공간의 취체 대상은 주로 풍속 통제에 집중되었고, 실제 치안 문제와 관련한 사례는 거의 없었던 것으로 보인다. 그렇다고 이 시기의 연극에 대한 통제가 가벼웠다고 볼 수는 없다. 경찰의 현장 취체만으로도 풍속 통제가 가능했기 때문에, 통제의 제도화가 시급하지 않았던 것이다.

3

검열 강화를 통한 연극 활동의 통제

1) 작품 검열을 통한 극단 활동의 통제

1919년 3·1운동 이후 일제는 식민지 지배 전략을 수정해 이른바 '문화통치(文化統治)'를 시작하였다. 연극계는 도쿄 유학생들을 중심으로 '신극운동(新劇運動)'이 등장하며 1910년대 신파극과는 다른 새로운 흐름이 나타났다. 크게 보면, 근대적 주체로서의 자각을 바탕으로 한 근대극이 우리 연극사에 등장한 것이다. 이는 3·1운동 이후 민족적 자각과 문화적 활동이 반영된 결과라 할 수 있다.

1920년에 출범한 유학생 극단 '극예술협회(劇藝術協會)'는 곧바로 전국 순회공연을 기획하고, 동아일보사의 후원을 받아 진행한 전국 16개 도시 순회공연에서 연극에 새로운 바람을 일으켰다. 극예술협회는 '신극'이라는 이름의 근대극의 초석을 놓은 김우진, 조명희, 홍난파, 홍해성 등이 주도하였다. 이들은 식민지 현실을 사실적으로 묘사하고, 그 속에서 시대적

고민을 안고 새로운 모색을 하는 인물을 등장시켰는데 이는 풍속과 위생에 더하여 사회비판적 연극에 대한 일제의 감시와 통제를 가져왔다.

근대극 공연의 첫 페이지를 연 극예술협회의 순회공연 레퍼토리는 조명희의 《김영일의 사(死)》, 로드 던세이니(Lord Dunsany)의 《찬란한 문》, 홍난파의 《최후의 악수》 세 편이었다. 극예술협회는 일제의 검열은 피하면서도 식민지 현실을 외면하지 않는 작품들로 구성하였다. 입센의 《인형의 집》 공연도 쉽지 않다고 보아 거기에서 모티프를 차용한 《최후의 악수》를 편성한 것도 공연을 성사시키기 위한 노력의 일환이었다. 외국 작품에서 아일랜드의 작품을 선택한 것도 검열을 피하면서 간접적이나마 식민지 현실을 무대화하려는 것이었다. 당시 연극인들이 공연 프로그램을 구성하는 단계에서부터 검열을 의식하고 있있던 셈이다.

부산에서 시작된 전국 순회공연은 관객들의 큰 호응 속에 진행되었

〈그림 4〉 1921년 7월 경성 단성사에서 상연된 《김영일의 사》 마지막 장면. 동일한 작품으로 경성 공연은 성황리에 마쳤으나 평양 공연에서는 공연 중간에 경찰의 세시로 중난되는 사태가 발생했다.

출처: 『동아일보』, 1921.7.30

다. 그런데 순항하던 순회공연은 평양 공연에서 문제가 발생했다. 평양 공연은 1921년 8월 4일 오후 8시 30분에 평양 가부키좌에서 시작되었다. 홍난파의 독주(獨奏)와 윤심덕의 독창, 번역극《찬란한 문》이 끝난 후 조명희의《김영일의 사》를 상연하였는데, 제3막에서 공연이 중단되었다.

> 제3막을 하는 중에 허일 씨의 말이 너무 과격하다 하여 경관의 중지를 당함에 만장 관객은 박수로써 단원을 위로하였다. 동 12시경에 폐장한 후에 단장과 노동공제회 평양지회 대표로 이희철 변호사와 동아일보 평양지국 기자가 수행하여 즉시 평양경찰서로 갔었는데 경찰서에서는 "십 년 전에는 자유가 있었는지 모르거니와 지금은 자유가 없다"는 말 가운데 '십 년' 두 글자에 뜻이 있다고 주장하여 이튿날 본인에게 변명서를 쓰게 하고 곧 돌려보내었더라. … 허일 씨는 5일 아침에 변명서를 작성하여 가지고 단장 임세희 씨와 경찰서에 출두하여 다시 협의를 거듭하고 5일 저녁에도 흥행하기를 청구한 결과 당국에서는 경찰부와 협의하고 오후 2시에 회답하기로 결정하였었는데 동 2시에 이르자 당국에서는 돌연히 강경한 태도로 중지명령을 하였으므로 단원 일동은 할 일 없이 돌아왔을 뿐 아니라 간절히 희망하던 평양 시민은 실로 섭섭한 기색과 유감됨이 많은 모양이더라.
>
> -『동아일보』, 1921.8.7.

임석 경관이 공연에 나오는 대사를 문제 삼아 공연을 중지시켰고, 다음날 공연은 전면 취소되는 사태를 맞았다. 하지만 이어지는 진남포 공연과 원산 공연에서《김영일의 사》가 취소되지 않았던 것으로 보아 지역 경찰에 따라 연극 통제에 차이가 있었던 것으로 보인다. 이후 조명희는 희곡 《김영일의 사》를 단행본으로 출판하는데, 출판 검열에서도 중요한 부분이 전부 삭제당하고 어떤 부분은 '힘 없는 말'로 교정하여 재차 검열을 받았다고 술회하고 있다.[9] 검열의 일관된 기준은 부재했을지라도 경찰 당국에 의한 연극 공연과 출판물 검열은 상시적으로 작동되고 있었다. 이렇듯 각본의 검열, 공연장 임검을 통한 통제가 반복되었고, 결과적으로 작품 경향이나 연극 활동의 방향을 강제하는 효과로 작용하였다.

1920년대를 대표하는 신극 단체인 토월회(土月會)의 활동에도 일제의 검열과 통제가 적지 않은 영향을 미쳤다. 토월회는 극예술협회와 마찬가지로 도쿄에서 조직되었으나 창립 공연은 경성에서 하기로 하였다.

> 최근 도쿄에 있는 조선 유학생 중 제국대학의 김기진, 명치학원의 박승희 씨 외에 상과대학 조도전대학, 명치대학, 정측영어학교 등에 재학 중인 학생 12명의 발기로 춘기휴가를 이용하여 조선 내지로 돌아와서 연극하고자 연극단을 조직하고, 박승희 외 2명은 벌써 조선 내지에 들어와 여배우를 구하는 중인데 당국에서는 그 사람들이 사회주의자일 뿐 아니라 연극의 제목이 혁명가를 체포하러 간 경관이 도리어 혁명가에 열복하여진다는 것이므로 과격사상을 선전하는 연극단이라고 하여 지금부터 엄중히 경계 중이라더라.
>
> –『조선일보』, 1923. 4. 13.

첫 공연 시작 전부터 경시청에서 예의주시하여 비상경계 중이라고 하니

9 조명희, 1923, 『김영일의 사』, 동양서원, 1~2쪽.

토월회 입장에서는 레퍼토리 구성에서부터 검열을 의식하지 않을 수 없었을 것이다. 앞의 기사 중 경시청에서 문제가 있다고 본 작품은 아일랜드 극작가 레이디 그레고리(Lady Gregory)의 《월출》이었다. 상황이 이러하니 토월회는 창립 공연 레퍼토리에서 《월출》을 빼고 박승희의 《길식》 외에 세 편의 외국극으로 구성하였다.

이후 흥행취체규칙이 제정되는 등 연극에 대한 검열과 통제가 더욱 강화되었다. 토월회는 일제의 검열을 통과하면서도 근대극의 사명을 다하는 이중의 과제를 해결해야 연극 활동이 가능하다고 판단했다. 적극적 저항은 표현하지 않으면서도 조선적인 정조 속에 식민지 현실을 담아내는 방식으로 그들의 연극적 입장을 유지했다. 그러나 이렇게 검열을 의식하며 준비했던 창립 2주년 기념공연은 결국 당국의 검열로 연기되는 사태를 맞는다.

> 토월회 제2주년 기념 홍행을 금 1일부터 홍행하기로 하였었던바 그 각본 중 《여직공 정옥》이라는 3막물 각본은 반 이상이나 당국에서 삭제하였으므로 그 각본은 상연할 수가 없게 되었는데 기념 홍행이라 무슨 특별한 각본을 상장하고자 하나 허가와 연습, 기타 관계로 기념 홍행을 내(來) 4일부터 하기로 미루고, 지난 30일부터 나흘 동안은 《신 데아보로》라는 가극 2막과 희극 《월요일》 1막과 인생애화 《무지한 무리》 한 막을 상연할 터인바 이것도 재미있는 것들이라더라.
>
> –『동아일보』, 1925. 7. 1.

《여직공 정옥》은 대본도 줄거리도 전하지 않지만 그 내용이 반 이상 삭

제된 것으로 보아 식민지 조선의 노동 현실을 반영한 작품으로 추정된다. 문제는 토월회처럼 직업적 극단을 경영할 경우 연극 정신을 펼치기보다 극단의 지속가능성에 더 무게를 두게 되고 이렇게 되면 당국의 검열을 더욱 의식하게 되는 악순환에 빠지게 된다는 점이다. 그런 점을 고려하면, 당국의 통제 상황 속에서 토월회가 표현할 수 있었던 최대치가《아리랑 고개》였을지도 모른다.

> 또 당국의 각본 검열이 비상히 엄밀하여서 그들의 신경과민으로 인하여 부득이 상연을 못 하게 되는 적이 여간 많지 않습니다. 다른 출판물과 같이 눈을 지나서 받는 감흥보다도 무대에서 직접 동작과 언어로 주는 감흥이 더한층 심각함을 아는 그들이 각본 검열을 다른 출판물보다도 중대시하는 것은 그리 무리는 아니라 하겠으나 모든 준비를 다하여 놓았다가 그만 '패스'가 못 되어서 전력을 경주한 노력이 수포로 돌아갈 때에는 사랑하는 자식이 죽은 것이나 다름없는 침통한 기분을 맛보게 되는 것입니다.
>
> 여기에 조선 신극운동자의 숨은 비애와 고통이 탑재한 것입니다.
>
> -『조선일보』, 1926. 6. 7.

각 도에서 제정한 흥행취체규칙이 시행된 이후 '각본 검열'이 연극계에 미친 영향을 서술한 글이다. 특히 문자로 전달되는 출판물보다 무대에서 직접 동작과 언어로 전달하는 공연에 대한 검열이 더 엄중했고, 무엇보다 공연 준비가 다 된 상황에서 검열에서 통과되지 못해 공연이 수포로 돌아갈 때의 침통한 기분을 잘 표현해 주고 있다. 이러한 상황은 1930년대에도 지속되었을 뿐 아니라 오히려 강화되는 양상을 보인다.

극작가 유치진이 초기의 현실 소재 연극에서 후기의 역사 소재 연극으로 방향 전환을 하게 된 결정적 계기도 1935년 《소》 공연 대본이 검열을 통과하지 못했기 때문이다. 1935년 1월, 유치진은 일본 체류 중 『동아일보』에 희곡 《소》를 발표하였다. 같은 해 5월 귀국한 유치진은 극예술연구회 제8회 공연에서 자신의 희곡 《소》를 공연하고자 하였으나 대본이 검열을 통과하지 못하여 공연 자체를 할 수 없게 되었다. 유치진은 다시 한태천의 《토성낭》을 극예술연구회 공연 작품으로 선정하였으나 그 역시 검열에 막혀 무대화하지 못했다. 두 작품 모두 이미 신문에 발표된 작품이었음에도 공연 작품으로서 검열에 통과하지 못한 것은 출판보다 연극 공연의 검열이 더 엄격했음을 말해 준다.

이번에 졸작 《소》가 검열 불통과가 된 후로 아닌 게 아니라 나도 한동안 퍽 우울해졌습니다.

여기 대해서 일개 극작가로서 나는 어떻게 걸어 나가야 하며 어떤 태도를 취해야 할 것인가? 희곡이란 것은 더구나 이중, 삼중의 관문을 안 거치고는 무대에 올라설 수 없는 것이므로 이 문제에 대한 반성은 적을 수가 없습니다.

– 『조선일보』, 1935. 8. 27.

문제는 각본 검열이 강화되는 상황에서 연극을 공연하려는 연극인의 입장에서는 검열 체제 자체를 비판하기보다 자신을 체제 순응의 방향으로 바꾸어 나간다는 점이다. 위 인용문에서 유치진은 검열의 칼을 휘두르는 일제 당국을 비판하기보다 그 검열 체제에 맞추지 못한 자신의 태

〈그림 5〉 1935년 도쿄 스키지소극장에서 상연되었던 유치진의 희곡《소》제2막의 한 장면. 도쿄 공연은 당국의 통제 없이 이루어졌으나 서울 공연은 사전검열에 막혀 공연되지 못하였다.

출처: 동경학생예술좌 기관지, 『막』 제1호, 1936.

〈그림 6〉 유치진의《소》공연이 끝난 뒤에 찍은 동경학생예술좌 창립 공연 기념사진

출처: 동경학생예술좌 기관지, 『막』 제1호, 1936.

도를 '반성'하는 것으로 보인다. 그리하여 희곡 《소》와 같이 식민지 농촌 현실을 무대화하는 것조차 포기하고 아예 역사극으로 활동 방향을 바꿀 수밖에 없었던 것이다.

여기에서 한 가지 더 주목할 점은 같은 작품이라도 일본에서는 공연이 이루어졌는데 식민지 조선에서 금지당한 경우가 적지 않았다는 것이다. 유치진의 희곡 《소》가 그 대표적 사례다. 앞서 살펴본 대로 유치진의 《소》가 국내에서는 검열 때문에 공연할 수 없었는데, 그 직전인 1935년 6월, 도쿄의 스키지소극장(築地小劇場)에서는 유학생 연극 단체인 '동경학생예술좌(東京學生藝術座)'의 창립 공연으로 상연되었다. 또한 한태천의 《토성낭》도 1935년 11월 일본에서 활동하던 '조선예술좌(朝鮮藝術座)'의 공연으로 무대화되었다. 조선예술좌는 이듬해인 1936년에도 《소》와 《토성낭》 공연을 계속하였지만, 같은 작품의 국내 공연은 끝내 이루어지지 못하였다. 결국 같은 작품이라도 식민지 조선에서는 일본에 비해 더 엄격한 검열의 기준이 작동되었다고 볼 수 있다.

이와 같이 각본 및 공연에 대한 검열과 통제는 당대 연극 담당자들의 자기검열 체계로 내재화하면서 결과적으로 작가나 연극인, 연극 단체의 활동 방향을 식민지배 체제에 순응하는 쪽으로 유도하는 기능을 했다. 일제 당국은 검열을 통해 당대 연극이 식민지 현실을 반영하거나 적극적인 사회 비판으로 나가는 것을 막아 냈던 것이다.

2) 물리적 침탈을 통한 연극운동의 통제

근대극으로서 신극이 발달하면서, 1920년대 중반 이후에는 사회주의 연극을 지향하는 여러 진보적 극단이 등장했다. 더불어 사회운동과 결합된 진보적 소인극(素人劇) 운동도 활발히 전개되었다. 당시 경찰의 검열만으로 연극운동의 진보적 성장을 통제하는 데는 한계가 있었다. 이에 일제는 흥행취체규칙을 제정하여 연극에 대한 통제를 제도화하고, 다른 한편으로 연극운동과 사회운동, 연극운동과 사상운동의 결합에 대해서는 「치안유지법(治安維持法)」을 동원하여 대응하였다. 1925년에 제정된 치안유지법은 일제에 저항하는 일체의 움직임에 물리적 타격을 가할 수 있는 만능 장치가 되었다. 이 시기에는 단순한 검열을 넘어 치안유지법을 내세운 인신(人身)의 구속, 단체의 해체 등이 줄을 잇게 된다. 사전검열에서 통과되지 못하여 공연이 무산되는 경우도 많았고, 공연 중에 임석 경관에 의해 공연이 중단되는 사례도 많았지만, 1925년 치안유지법 시행 이후에는 연극 공연을 사상운동과 연계하여 단속하는 사례가 늘어났다.

1920년대 중반에서 1930년대 중반까지 조선프롤레타리아예술가동맹, 즉 카프(KAPF: Korea Artista Proleta Federatio)를 중심으로 사회주의 예술운동이 활발하게 전개되었다. 카프에는 전문 부서인 연극부가 있었고, 산하에 극단 청복극장, 극단 메가폰, 극단 신건설(新建設) 등이 시기를 달리하며 활동을 전개하였다. 물론 카프 관련 연극 단체들의 극장 공연은 쉽지 않았나. 같은 시기 강화된 연극 검열은 이들의 공연 자체를 원천적으로 봉쇄하는 기능을 했기 때문이다. 그럼에도 카프 연극부는 기관지 『연극운동』의 발간, 산하 극단을 통한 공연 활동을 시도하며 활동의 길을 찾아 나갔다.

그런데 카프의 연극 단체 가운데 가장 규모가 큰 극단인 '신건설'은

1932년 8월 창립하였지만 창립 공연은 그로부터 1년 남짓 지난 1933년 11월에 하게 된다. 이렇게 창립 공연이 늦어진 데는 구성원에 대한 인신 구속이 발생했기 때문이다. 당시 신문에서 '별나라 사건'과 '연극운동 사건'으로 불리던 두 사건으로 카프 연극부, 극단 신건설 구성원들이 재판까지 받는 사태가 발생한 것이다.

'별나라 사건'은 1932년 8월 극단 신건설의 창립을 주도하였던 신고송이 본정경찰서에 구속된 사건이다. 당시 신고송이 잡지 『별나라』의 주간으로 잘못 알려져 '별나라 사건'으로 불렸지만 재판 결과를 보면 일본에서 발행된 『우리 동무』의 국내 배포를 문제 삼은 것이었으므로 '우리 동무 사건'이라 부르는 게 적절하다. 또한 '연극운동 사건'은 1932년 2월 카프 연극부 기관지 『연극운동』 발간에 관계하던 이상춘, 강호 등이 종로경찰서에 구속되어 재판을 받은 사건을 말한다. 이 역시 재판 결과를 보면 '영화의 벗 사건'으로 고쳐 부르는 게 맞다. 이에 대해서는 광복 직후 신고송의 회고에 명확히 기술되어 있다.

> 8월 30일 나는 『우리 동무』(당시 도쿄에 있는 문화연맹 조선협의회에서 내는 비합법지) 사건으로 본정서에 검거되어 3년을 서대문형무소에서 살았다. 상춘 군은 '신건설'의 활동을 내 없는 동안 진전시켰으나 그 또한 『영화의 벗』(일본프로영화동맹 출판지) 사건으로 강호, 김태진 군과 함께 서대문에 송치되어 내 사건에 합심되었다. 다행히 상춘 군만 예심 면소가 되어 사바에 나가 '신건설'의 공연을 경성극장에서 가졌다. … 1935년 9월 강호, 김태진, 이찬 군과 나의 네 사람은 서대문에서 나왔다.
>
> – 『예술운동』, 1945. 12, 68쪽

이에 따르면 1932년 8월 검거된 신고송 관련 사건은 '우리 동무 사건'이고, 1933년 2월 이상춘 관련 사건은 '영화의 벗 사건'이며, 각각 별개의 사건으로 수사가 시작되었지만 예심에서 두 사건이 합심되어 하나의 재판으로 이어졌다는 것이다. 합심의 이유는 잡지 『우리 동무』와 『영화의 벗』이 모두 일본의 프롤레타리아 문화운동계에서 발간된 것이라는 공통점이 있기 때문이다. 최종적인 범죄 혐의는 위 두 발간물을 국내에 배포했다는 혐의뿐이었고, 그것도 국내 연극 활동과 직접 관계되지 않은 일본 문화단체와의 연결을 문제 삼았던 것이다. 문제는 요란한 수사와 재판 과정을 거치면서 그 실체와 관계없이, 결과적으로 극단 신건설, 나아가서는 카프의 활동을 약화시켰다는 것이다.

이 사건을 좀 더 살펴보면, 사건 초기에는 중앙고보(中央高普)에서 발견된 반전(反戰) 격문이 문제가 되었다. 그 배후를 찾는 과정에서 『연극운동』 관계자들이 경찰에 붙잡히게 되었다. '연극운동 사건'이라는 사건명처럼 무

〈그림 7〉 출판법 위반으로 수감된 후의 얼굴 사진(왼쪽부터 강호, 김태진, 이상춘). 사진 배경의 벽돌은 서대문 형무소로 보인다.

출처: 국사편찬위원회 한국사데이터베이스

엇인가 연극 관련 수사인 것처럼 보이지만, 결과적으로 연극 활동에서의 혐의는 입증하지 못해 출판법 위반 사건으로 마무리되었다. 이 과정에서 극단 신건설은 활동 자체가 큰 제약을 받았다. 이 사건으로 다섯 명이 재판에 회부되었지만 이상춘만 면소되어 조기 출옥하고, 나머지 신고송, 이찬, 강호, 김태진은 판결까지 이어졌다. 이상춘은 1933년 8월 15일 예심 면소가 되었으나 이틀이 지난 17일 저녁 다른 사건 관계자들과 함께 출소하게 된다. 그는 서대문형무소에서 나오자마자 극단 신건설 재정비에 나섰다. 이상춘은 같은 사건으로 종로경찰서에 붙잡혀 조사를 받았지만 기소되지 않은 연출가 나웅과 함께 극단 신건설을 정비하고 1933년 11월 제1회 공연을 올리게 되었다.

이어 1934년 2월 카프는 진용을 재정비하게 되는데, 사임한 박영희, 신유인 위원의 자리만이 아니라 수감 중인 신고송, 강호, 이찬, 김용제 등을 대신할 위원을 선임하였다. 이때 이상춘과 나웅은 중앙위원으로 선임되고, 동시에 이상춘은 연극부 집행위원과 서기장, 미술부 집행위원, 나웅은 연극부 집행위원과 영화부 집행위원을 겹치기로 맡는 등 카프 운영 전반을 주도하게 된다.

그러나 그 직후인 1934년 5월, 이번엔 전북경찰에 의해 극단 신건설 관계자 8명이 검거되는 사태를 맞게 된다. 이상춘과 나웅이 그 8명에 포함되었음은 물론이다. 이 사건이 이른바 '신건설사 사건'이다.

이 사건은 앞서 '연극운동 사건'과 유사하게 학생들이 갖고 있던 전단이 발단이 되었지만 결과적으로 극단 신건설 관계자들이 대거 구속됨에 따라 '신건설사 사건'으로 불렸다. 끝내는 카프 조직 전체로 확대되어 '카프 사건'으로 불리게 된다. 1934년 5월 시작된 검거로 58명의 극단 신건

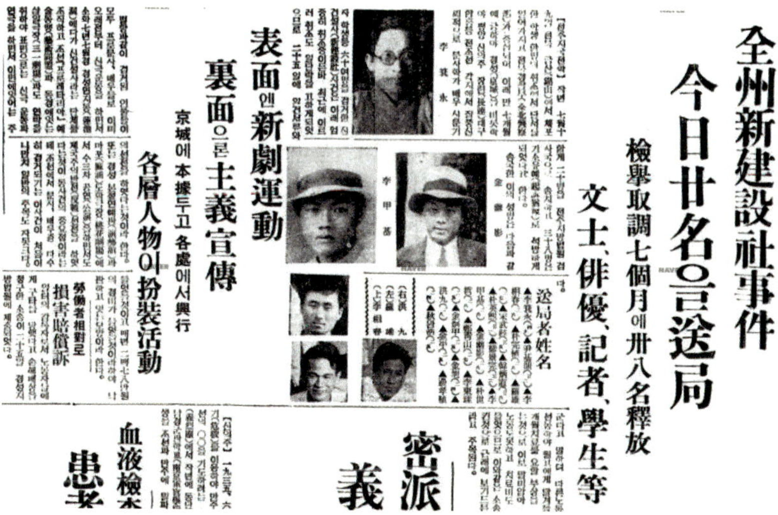

全州新建設社事件

今日卄名을送局

檢擧取調七個月에卅八名釋放

文士、俳優、記者、學生等

表面엔新劇運動

裏面으론主義宣傳

京城에本據두고各處에서興行

各層人物이扮裝活動

送局者姓名

勞働者相對로

損害賠償訴

〈그림 8〉 전주 신건설사 사건 송국 기사. 카프 관련 연극인들이 표면에 신극운동을 내세우면서 이면으로 사상 선전을 했다는 혐의를 받고 있다.

출처: 『동아일보』, 1935. 1. 26.

설 및 카프 관계자들이 검거되었으며, 8개월의 수사 끝에 최종 24명을 기소하고, 나머지 40명 가까이는 석방하였다. 이때 기소된 사람 가운데 극단 신건설의 핵심 멤버인 이상춘과 나웅이 있었다. 이들은 '연극운동 사건'에서 벗어난 듯하였지만 결국 다시 투옥된 것이다. 또한 카프 연극부 부원이던 홍구, 김욱, 변효식, 김형갑, 카프 연극부에는 속하지 않지만 과거 극단 '이동식소형극장(移動式小型劇場)'에 관계하던 김유영, 추완호, 석일량, 이의백, 최정히 등이 포함되어 있어 연극 분야 관계자가 상당한 비중을 차지하고 있었다. 당시 카프에서 연극부의 활동 비중이 높았기 때문이기도 하지만, 경찰 당국에서 카프 활동 가운데 연극 활동에 대한 대응을 강화한 것도 그 이유라 할 수 있다.

추완호(추적양), 김유영, 석일량, 이엽, 최정희(여) 등 5명은 1931년 8월경에 경성 와룡동 시대공론사에 회합하여 프롤레타리아 연극을 통하여 마르크스주의 선전을 행하여 사유재산제도를 부인하고 공산주의 사회 실현을 목적으로 하는 이동식소형극장인 결사를 조직하는 동시에 그 부서를 책임연출부 김유영, 각본부 최정희, 미술장치부 추완호, 출연부 석일량, 선전부 이엽으로 정한 후 여러 차례 회합하여 결사의 활동 방침을 협의하던 중 피고 김유영, 동 최정희는 의견의 상위로 탈퇴하고 그 외 3명은 계속하여 1931년 11월부터 1932년 5월까지 사이에 원산, 함흥, 홍원, 경성 방면에서 극히 좌익적인 연극을 공연하여 대중에게 계급의식을 주입하고 1932년 6월경에는 간부회의를 열고 결사의 명칭을 '메가폰'으로 개칭한 후 더욱더욱 활동을 하여 내려온 것이라 한다.

-『매일신보』, 1935. 10. 29.

극단 신건설 사건을 수사하면서 이동식소형극장 관계자들을 대거 검거하였고, 그 가운데 5명을 재판에 회부하였다는 것은 당시 경찰 당국이 연극의 사회적 영향에 대해 크게 우려하고 있었다는 것을 보여 주는 것이다. 그런데 이동식소형극장은 이미 1932년 활동이 중단된 단체이며 카프 연극부와는 일정한 거리를 가지고 있던 신흥영화예술가동맹 계열 단체이다. 더욱이 이 사건에서 김유영, 최정희처럼 이미 탈퇴한 멤버까지 검속을 하였으니 좌익연극 전반에 대해 뿌리를 뽑아 말살하겠다는 것으로밖에 보이지 않는다.

실제 전주지방법원에서 예심이 종결되기도 전에 카프와 극단 신건설이 해체되기에 이른다. 상급 단체인 카프는 1935년 5월 28일에 임화 명의로 해산계를 제출하였고, 극단 신건설은 6월 1일에 장철기 명의의 해산계를 제출하였다.

동대문서에서는 카프의 해산을 권고 시행케 한 후 수일 전에는 또한 동서 야마우치(山內) 고등계 형사가 부내 충신동에 있는 좌익극단 신건설의 중앙위원 장철기 씨를 방문하고 역시 신건설을 해산할 것을 권고하면서 만약에 해산치 않으면 경찰 측에서는 강제적으로라도 해산시킬 것이라 하여 전기 장철기 씨는 몇몇 동지에게 의논한 다음 부득이 4일 전에 장철기 씨의 명의로 동 신건설 해산계 출원을 소관 동대문서에 제출하였던바….

-『조선중앙일보』, 1935. 6. 5.

형식적으로 자진하여 해산계를 제출하는 모양새를 갖추고 있지만 실질적으로는 당국의 강압에 의한 해산으로 볼 수 있다. 사실 극단 신건설 해산은 동대문경찰서 고등계의 강력한 권고에 의한 것이다. 더욱이 앞서 살펴본 바와 같이 극단 신건설 핵심 멤버들이 투옥되어 있는 상황이었기에 장철기로서는 다른 선택의 여지가 없었던 것으로 보인다.

㉮ 잠행적 적색운동의 엄중한 취체는 물론 금후는 좌익적 색채를 띤 소위 문화단체도 그 조직을 일체 허가하지 않는 동시에 기설 단체도 정리하여 혜신을 단행시킬 터이다. 대체 적색 색채를 띤 문화운동이 민중에게 침투하기 쉬워 어떤 의미에서는 잠행운동보다 취체하기 곤란하며 대중에게 널리 진파되어 노리어 위험하다.

-『조선일보』, 1935. 5. 21.

㉯ 금번의 카프 해산계 출원을 내게 되기까지에는 괴로운 호흡과 침통한 기분으로 몇 날 밤을 새우며 곰곰히 생각하여 보았으나 부득이한 사정으로 하는 수 없이 제출하게 된 것이다. 다만 통탄한다면 금일의 객관적 정세의 불리함이겠고, 유감된 바를 말한다면 다른 여러 동지들과 함께하지 못한 점이겠습니다.

-『조선중앙일보』, 1935. 6. 5.

㉮는 당시 조선총독부 경무국 가미우치(上內) 보안과장의 말이다. 잠행운동(潛行運動) 방식의 사회주의운동보다 문화운동의 위험성이 크므로 향후 적극적으로 막겠다는 것이며, 그 대표적인 사례가 카프와 극단 신건설의 강제 해산이라 할 수 있다. 중앙고보 반전 격문 살포는 하나의 구실이었을 뿐 당시의 경찰 당국은 합법적 형태의 극단 활동마저 원천 봉쇄하려 했던 것이다. ㉯는 카프 해산계를 제출할 때 카프 서기장 임화가 남긴 말이다. 객관적 정세란 당시 경찰 당국의 탄압 상황을 말하는 것이고, 동지들과 함께하지 못한다는 말은 감옥에 있는 멤버들과 논의할 수도 없는 사정이었기에 해산계를 제출했다는 뜻이다. 이러한 흐름으로 보면 결국 경찰 당국은 단순히 연극 검열이나 공연 중지를 넘어 극단 신건설이나 카프의 활동 자체를 막고자 하는 강경한 입장을 가지고 대응했던 것으로 보인다.

카프 계열 연극 단체의 활동에 대한 당국의 대응은 출판법이나 치안유지법을 내세워 일단 검거를 한 후 장기간의 취조와 공판을 통해 결과적으로 단체의 활동 자체를 침탈하는 데로 나아가고 있었다.

3) 연극 통제 법령의 제정과 시행

법령 제정을 통한 연극 통제는 1920년대 들어 본격화하였다. 이 시기 전국적으로 제정된 연극 관련 취체 법령은 대부분 흥행이나 흥행장에 대한 취체규칙의 성격을 갖는다. 흥행에 연극 공연이 포함되고, 흥행장에 극장이 포함되어 있다. 그 첫 시작은 1922년 2월 25일 제정된 함경남도령 제2호 「흥행취체규칙」이다. 이어 경기도령 제2호 「흥행장 및 흥행 취체규칙」(1922.4.4), 충청북도령 제12호 「흥행취체규칙」(1922.8.25), 함경북도령 제4호 「흥행취체규칙」(1924.2.26), 충청남도령 제1호 「흥행과 흥행장 취체규칙」(1927.2.1) 등이 연이어 제정되었다.

이 시기에 연극을 비롯한 '흥행' 및 '흥행장'에 대한 취체규칙이 제정된 배경은 다음 몇 가지로 생각해 볼 수 있다.

첫째는 1920년대 들어서면서 신극이라 명명된 서양 근대극이 본격화되었는데, 이 가운데는 사회적 주제의 연극이 급속히 확산되어 풍속상 이유 외에 치안 유지 관련 통제 수요가 늘어난 데 따른 것이다. 특히 카프를 중심으로 한 프롤레타리아 연극의 발생과 전개로 인해 연극 취체의 제도적 기반이 필요했던 것으로 보인다.

둘째는 일본의 사회적 변화에 따른 일본에서의 연극 취체 관련 법령 정비의 영향으로 볼 수 있다. 1921년 7월 일본 경시청은 「흥행장 및 흥행 취체규칙」(경시청령 제15호)을 제정함으로써 검열과 통제의 표준을 제시하였고, 이를 식민지 조선에 확대하여 1922년부터 대거 관련 취체규칙이 제정되었다. 이것은 '제국의 표준'을 식민지에 적용하려는 일제의 정책적 의도가 작용한 것이라 할 수 있다.

셋째, 식민지 조선에서 영화의 발전으로 연극과 영화를 종합하여 규율

할 수 있는 흥행 또는 흥행장의 개념을 도입하여 종합적 통제를 시도할 필요가 발생하였다.

현재 전문이 남아 있는 취체규칙을 중심으로 1920년대 제도화한 연극 관련 취체규칙의 검열 관련 주요 내용을 살펴보면 다음과 같다.

가. 흥행 및 흥행장의 정의와 허가제 도입

대부분의 취체규칙에는 규칙의 앞부분에 흥행과 흥행장에 대한 정의 규정이 있다. 당시의 취체규칙에 따르면 흥행장은 극장, 활동사진관, 요세(寄席), 관물장(觀物場) 등을 말하며, 흥행은 연극, 활동사진, 기예(技藝), 강담(講談), 나니와부시(浪花節), 조루리(淨瑠璃), 교겐(狂言), 씨름, 서커스 등을 공중(公衆)에게 제공하는 것을 말한다. 연극과 영화를 비롯해 거의 모든 장르의 공연과 관람물을 포괄하는 명칭이 바로 '흥행'이다. 따라서 이 시기 취체규칙은 부산 일본영사관의 극장취체규칙과 달리 종합적인 관람물을 모두 대상으로 한다고 볼 수 있다.

취체규칙의 제정이 지역별로 이루어졌기 때문에 그 효력 범위도 해당 지역에만 적용되지만, 대체적으로 일본의 취체규칙을 모본으로 삼았고, 조선총독부에 의해 도령(道令)이 제정된 것이므로 지역 간 차이는 크지 않은 것으로 보인다. 취체규칙 자체만 보면 식민지적 특수성을 확인하기 어려울 정도로 제국의 표준을 따라 제국 일본의 한 지역과 유사한 방식으로 제정되었다고 할 수 있다.

취체규칙의 주요 내용은 흥행장 건축 표준과 관련한 것과 흥행 허가와 관련한 것이 주를 이룬다.

흥행장 건축에 대해서는 허가제를 기본으로 세세한 절차를 마련하고 있으며, 세부적인 건축 구조와 요건에 대해서는 극장과 요세, 활동사진관, 가설흥행장을 구분하여 규정하고 있다. 흥행장 건축에 관한 조항에서는 또한 안전과 위생, 풍속 등을 고려하여 제시하고 있다.

흥행과 관련한 조항에서는 허가제를 기본으로 하여 허가 신청, 검열, 흥행 시간, 흥행 관계자 및 관객 준칙, 허가 취소와 정지 등의 조항을 포함하고 있다. 흥행 관계자와 관객 준칙을 세세하게 규정한 부분은 주로 풍속 통제와 관련한 것으로 극장을 통해 근대적 국민을 훈육하는 것이면서, 국가 제도에 의한 국민의 일상을 통제하는 과정으로 기능하게 된다.

> 제29조 ① 관객은 흥행장 내에서 다음 사항을 준수해야 한다.
>
> 1. 남, 여, 가족석의 구별을 준수할 것
> 2. 방담(放談), 고화(高話), 훤화(喧譁)를 하거나 또는 함부로 기립하고, 기타 타인의 방해가 될 만한 행위를 하지 말 것
> 3. 분장실(樂屋)에 출입하고 무대에 올라가거나 또는 개연(開演) 중에 하나미치(花道)를 배회하지 말 것
>
> ② 전항 각 호에 해당되거나 또는 심한 전염성 질환자, 기타 타인에게 혐오의 정(情)을 야기하는 자 혹은 공안(公安)을 해치거나 풍속을 어지럽힐 우려가 있을 때는 경찰관리가 행동을 제한하거나 또는 퇴장을 명할 수 있다.
>
> – 평안남도령 제2호 「흥행취체규칙」

큰 흐름에서 보면 앞시 부산 일본영사관 극장취체규칙의 관객 준칙이 이어지고 있으며, 동일한 조건에서 남녀 객석의 구분, 전염성 질환자 통제

조항이 추가된 것으로 보인다. 1924년에 제정된 함경북도령 흥행취체규칙은 장을 나누어 편제하고 있는데, '제5장 관객 수칙 및 장내 제한'에 위와 유사한 내용의 제37조와 제38조를 배치하고 있다.

특이한 것은 함경북도령 흥행취체규칙 제2조에서 흥행장 종류별로 흥행 장르를 제한하고 있다는 점이다. 그리하여 극장에서는 활동사진의 흥행을 해서는 안 되며, 활동사진관에서는 활동사진과 연쇄극(連鎖劇)만을 흥행해야 하고, 요세에서는 연극과 활동사진을 흥행해서는 안 되는 것으로 명시하고 있다. 극장 건축과 장르의 관계를 전제로 하고 있다는 점에서 일종의 장르 전용 공연장 정책을 편 것으로 볼 수 있다.

나. 사전검열과 현장 취체 기준의 확립

평안남도와 함경북도의 취체규칙에서는 제정 단계에서, 경기도에서는 취체규칙의 개정을 통해 사전검열 제도를 도입하였다. 연극 각본(영화필름도 동일하게 적용)에 대한 검열 규정의 주요 대상 항목을 보면, 신청자의 주소와 성명, 연극 제목, 각본 저작자, 책 수와 각 책의 매수 등이며, 신청할 때 연극 각본을 정부(正副) 2통 제출하도록 하고 있다. 검열 유효기간은 초기에 1년이었는데, 함경북도에서는 1930년 개정하면서 3년으로 확대하였다. 검열 업무 증가를 고려한 것으로 보인다.

각본 검열의 세부 기준은 충청남도 훈령 제4호 「흥행 및 흥행장 취체규칙 취급수속」(1927.2.8) 제1조에 상세하게 제시되어 있다. 각본, 줄거리, 필름, 설명대본에 공통으로 적용하는 기준으로 다음 어느 하나에 해당하는 경우 허가를 내주지 않도록 규정하고 있다.

1. 황실의 존엄을 모독하는 것
2. 조헌문란(朝憲紊亂) 등 불온한 사상을 고취하거나 또는 풍자하는 혐의가 있는 것
3. 국교(國交)상 친선에 해가 되는 것
4. 시사(時事)를 풍자하고 공안(公安)상 해가 되는 것
5. 국가 내지 관공리의 위신을 손상하는 것
6. 교육가, 종교가 등 사회적 지도에 종사하는 지위에 있는 자의 부덕(不德)을 골자로 하여 줄거리를 구성한 것
7. 구상(構想)이 저열하여 선악(善惡)의 관념을 혼란하게 하는 것
8. 도의(道義)에 어긋나고 권선징악(勸善懲惡)의 취지에 반(反)하는 것
9. 도적(盜賊), 박도(博徒), 난신(亂臣), 적자(賊子) 등의 사적(事蹟)을 줄거리로 하여 그에 흠모의 염(念)을 야기시켜 암암리에 상양(賞揚)하는 것
10. 위인 혹은 옛 성현의 위신을 실추하는 것과 같은 우려가 있는 것
11. 현존 인물, 가정의 내정(內情) 등을 적발 또는 풍자하는 혐의가 있는 것
12. 형용 동작이 천열(賤劣)하여 공중(公衆)에 오감(惡感)을 일으키게 하는 것
13. 범죄 사항을 줄거리로 하여 범죄의 수단을 노출하는 것 또는 범죄 혹은 범인의 종적 은폐의 방법을 노출하는 것으로써 모방심을 야기할 우려가 있는 것
14. 참학(慘虐) 혹은 추오(醜汚)에 관련된 것
15. 연애(戀愛)에 관한 사항을 줄거리로 한 것으로써 그 내용이 하렬(下劣)한 것
16. 여외(卑猥)로써 열정(劣情)을 노발할 우려가 있는 것
17. 간통 등 불륜의 사항을 골자로 하여 줄거리를 구성한 것

18. 정업(正業)을 태만하거나 또는 품성을 조야부박(粗野浮薄)하게 하는 경향이 있는 것
19. 소아(小兒)의 악희(惡戱)를 유발(誘發) 조성(助成)하는 것
20. 학교교육상 장해(障害)가 되는 것
21. 군사상 기밀에 속한다고 인정되는 것
22. 군대에 악영향을 미칠 우려가 있는 것
23. 계급투쟁의 의식을 유발, 고취할 우려가 있는 것
24. 필름이 훼손 혹은 마멸되었거나 또는 진동이 심한 것
25. 전 각 호 외에 공안, 풍속, 위생을 해칠 우려가 있는 것

– 충청남도 훈령 「홍행 및 홍행장 취체규칙 취급수속」 제1조

연극은 공연 현장에서 검열본과 다른 텍스트의 생성 가능성이 열려 있는 장르이다. 따라서 사전검열에도 불구하고 임검 경찰의 현장 취체를 통해 통제를 보완하지 않으면 안 되었다. 현장 취체에서의 검열 기준은 사전검열에 비해 간략화되었는데, 이미 사전검열을 완료한 각본으로 이루어지는 공연이라는 점, 현장에서 즉시 대응해야 한다는 점을 고려한 것으로 보인다. 현장 취체의 세부 기준은 다음과 같다.

제25조 ① 다음 각 호의 1에 해당하는 홍행은 그를 할 수 없다.

1. 권선징악(勸善懲惡)의 취지에 반(反)하거나 또는 범죄의 방법, 수단을 유치(誘致) 조성(助成)할 우려가 있는 것
2. 외설(猥褻) 또는 참혹(慘酷)에 관계되거나 또는 풍교(風敎)를 해칠 우려가 있는 것

3. 함부로 시사(時事)를 풍자하거나 또는 정담(政談)을 혼란시키는 것

4. 민심의 융화를 저해할 우려가 있는 것

5. 위생상 유해하다고 인정되는 것

6. 전 각 호 외에 공안(公安) 혹은 풍속을 해칠 우려가 있는 것

② 전항 각 호의 1에 해당하는 것으로 인정된 때는 흥행의 허가를 취소하거나 또는 임검 경찰관리가 그 흥행을 정지 혹은 제한할 수 있다.

- 평안남도령 제2호 「흥행취체규칙」

실제 사전검열은 그 사정이 공개되지 않았지만, 공연 현장에서 임석 경찰에 의해 공연이 중지되는 경우 공연 관중은 물론 언론 보도를 통해 가시화, 사회화되는 양상을 보였다.

그런데 1926년 7월 5일 조선총독부령 제59호로 「활동사진필름검열규칙」이 제정되면서 흥행취체규칙에서 영화 검열에 관한 조항이 분리되어 별도의 입법 조치가 이루어진다. 이는 흥행취체규칙이 지역별 체제로 되어 있었는데, 영화 분야에서만이라도 먼저 조선총독부를 중심으로 통일된 검열 체계를 구축하기 위한 것이었다. 통제의 고도화가 영화 분야에서 먼저 이루어진 것으로 볼 수 있다. 물론 영화 이외의 흥행(연극도 포함)에 대해서는 지역별 검열 체계가 유지되고 있었다. 이는 식민지 조선에서 영화 산업의 급성장을 반영한 것이면서 사회적 영향력 확대를 고려한 것으로 보인다. 다만 활동사진관의 건축이나 영화 흥행과 관련한 부분은 기존의 흥행 및 흥행장 취체규칙이 효력을 유지하고 있었다.

4

국가 동원을 통한 연극 통제

1) 전시 총동원 체제와 연극 정책의 방향 전환

1937년 중일전쟁 발발 이후 전시 체제로의 전환을 추진하던 일제는 식민지 조선에서도 고도국방국가(高度國防國家) 건설을 목표로 총동원 체제 구축에 나선다. 이른바 '신체제(新體制)'의 수립을 슬로건으로 개인주의적·자유주의적 요소를 비판하고 전체주의적·집단주의적 세계관에 기반한 국가동원 체제를 만들어 나간 것이다. 일제는 '외지'와 '내지'의 관계 속에서 수탈을 위한 관리 대상으로 여겨 오던 식민지 조선을 대동아공영권 구축을 위한 병참기지 역할, 나아가 지원병제, 징병제 실시를 통한 '제국주의적 침략의 주체'로 불러내는 정책의 전환을 시도한다. 이 시기에 내선일체(內鮮一體) 교육, 황국신민화(皇國臣民化) 교육 강화 등 대대적인 '일본화' 과정을 획책한다. 당시 연극계도 이러한 시국의 변화에서 비켜날 수 없는 상황이었고, 연극의 국가 동원에 해당하는 이른바 '국민연극(國民演劇)'을 만들어 나가는 데 총력을 기울이게 된다.

이러한 상황 속에서 조선총독부의 연극 정책에도 커다란 전환이 있었다. 1920년대 확립된 검열 체계에 기반한 취체 중심의 소극적 정책이 당국이 연극 활동에 직접 개입하는 적극적 정책으로 전환되었다.

> 이때 제2차 지나사변(중일전쟁-인용자 주)이 발발하고, 이윽고 그것이 금일의 대동아전쟁으로 발전하게 된 것은 위정 주뇌부(主腦部)는 이미 일찍이 예측한 바였던 것이며, 이에 사상의 통일과 문화 수준의 급속한 향상을 위해 총독부의 시정(施政) 속에 각종 문화운동에 대한 적극적인 영도가 고려되고, 관계 당국을 중심으로 문화문제에 정열을 갖는 과장, 사무관 등이 결속하여 일을 담당하게 되고, 유유히 문화정책 실시라고 하는 단취(段取)가 되었던 것이다. 사찰 취체에서 지도 원조로, 이것은 완전 180도의 전환이었다. … 문학의 급변과 함께 각성한 진보를 보인 것은 연극이다. 자칫하면 민족주의적 경향과 체흡적 감상에 정체하고 있던 신극이, 이제야 국민연극의 노선에 분명하게 몸을 싣고 나아가고 있는 상황은 조선 연극사상 획기적인 동향이라고 보아도 좋을 것이다. 종래 취체에 시종하던 당국이 작년 이래 적극적인 지도로 밀고 나서 연극협회를 결성하게 하고, 여러 누습을 개선시킴과 함께, 내용의 쇄신에 있어서는 전환을 하게 한 유력한 기구이며, 그 공적은 깊이 감사하지 않으면 안 된다.
>
> -『조선(朝鮮)』, 1942. 10.

당시 국민총력조선연맹(國民總力朝鮮聯盟) 문화부의 가라시마 다케시(辛島驍)가 쓴 글이다. 가라시마는 경성제국대학 중문과 교수로, 국민총력조선연맹 문화부 산하 예술부문연락계 참사를 맡고 있으면서 연극 및 문화 정책에 관한 글을 많이 발표하였다. 1939년 극단 협동예술좌(協同藝術座) 창립 과정에서부터 연극과 인연을 맺은 그는 1942년에는 일제의 연극 통제 기구인 조선연극문화협회(朝鮮演劇文化協會)의 명예회장직까지 맡게 된다. 위의 인용문에서 그는 조선연극협회의 결성 과정에 당국의 철저한 개입이 있었다는 점, 그러한 개입이 있기까지는 당국의 정책상의 방향 전환이 있었기에 가능했다는 점을 주장한다. 이렇듯 1940년대에 들어서면서 단순 검열을 넘어서는 새로운 연극 통제 정책이 추진되었다. 당시 조선총독부 경무국 연극담당 사무관 호시데 도시오(星出壽雄)가 발표한 「연극 통제의 제문제」(『국민문학(國民文學)』, 1942.1)에 그 경과가 자세히 설명되어 있다. 일제의 연극 통제가 당국에 의한 탄압의 차원을 넘어서 연극에 대한 국가관리 체제 확립으로 전환되었던 것이다

가라시마에 따르면 다음에 살펴볼 조선연극협회(朝鮮演劇協會)의 결성에 당국의 '적극적 지도'가 있었고, 그러한 개입은 조선총독부의 문화정책에서 180도 방향 전환이 있었기에 가능했다. 그동안 연극 활동에 대해 소극적 단속이나 검열의 대상으로 대응해 오다가 당국의 지도와 원조를 통한 적극적 개입으로 전환되었다는 것이다. 동시에 협회에 가입하지 않은 단체들의 활동을 금지하면서 모든 연극을 당국이 원하는 국책연극, 국민연극으로 방향을 몰아간 것이다.

2) 협회를 통한 연극 신체제 구축과 인적 통제

가. 관변 단체로서 협회를 통한 연극계 정비

일제는 1937년 중일전쟁이 발발한 이후 고도국방국가 건설이라는 방향성 속에 각 분야에서 신체제 확립을 추진하였다. 조선총독부에서는 이미 일본에서 국민오락개선위원회가 조직되어 대대적으로 일반 국민의 오락 향상을 계획하고 있는 것에 발맞추어 식민지 조선에서도 '건전한 오락'을 만들어 갈 종합적인 통일기관이 필요하다고 주장했다. 이러한 흐름을 따라 연극 분야에서의 신체제 확립은 먼저 연극인과 연극 단체에 대해 국가에서 관리하는 통제 체제를 구축하는 것으로 나타났다.

> 연극의 내용과 형식을 신체제로 개편하고 극을 통하여 총후(銃後) 민중을 적극적으로 지도해 가자고 해서 지난 20일 부민관 집회실에서 극단(劇壇) 관계자와 총독부 경무국 야기(八木) 경무과장과 호시데(星出) 사무관이 회동하였다 함은 본지 사회면에 보도한 바와 같다.
>
> 이 회합에서는 극단 측으로부터 또는 총독부 측으로부터 각각 신극의 문화적 사명과 또는 대중과 가장 친하기 쉬운 종합예술로서의 연극을 시국이 요구하는 신체제로 개편할 필요성을 제창하여 여러 가지 구체적 실천 방법까지 논급하였는데 앞으로는 현존한 극단의 통합체가 조직되어 당국과 협조하는 기관을 만들려는 것으로 이 기관 설립 위원을 나음의 3명으로 선정하였고 새로 조직될 단체에서 앞으로 조선 극난(劇壇)이 새 출발을 할 지침을 수립하리라고 한다.
>
> -『매일신보』, 1940. 11. 18.

이 간담회에서 선출된 이서구, 박진, 김관수를 준비위원으로 만들어진 극계 종합체가 바로 조선연극협회이다. 조선연극협회는 설립 과정에서부터 조선총독부와 연극계가 협력하여 만들어졌고, 그 성격도 당국에 대한 협조 기관이었다고 할 수 있다.

조선연극협회 결성식은 1940년 12월 22일 부민관 중강당에서 있었다. 이 결성식에는 연극 관계자들만이 아니라 총독부에서 야기 경무과장(경무국장 대리)과 가쓰라(桂) 사회교육과장(학무국장 대리)이 참여하였고, 연극계에서는 아랑, 청춘좌, 호화선, 황금좌, 연극호, 예원좌, 노동좌, 조선성악연구회, 고협 등 아홉 극단에서 대표자 2명씩 참석하였다. 회장엔 이서구(창씨명 牧山瑞求), 상무이사에 김관수(창씨명 岸本寬), 이사에 박진, 유치진, 최상덕, 감사에 심영 외 2명이 선임되었다.

> 연극협회의 결성은 무엇보다도 우리에게 큰 자부심을 갖다주었습니다. 협회가 결성된 뒤의 우리는 우리가 나갈 길, 우리가 해야 할 일에 자신과 광명과 깨우침을 갖추어 얻게 된 결과 '우리도 이제는 국민의 일원으로서 직역봉공(職域奉供)의 거룩한 역군이 되었다'는 떳떳한 자랑과 사내다운 큰 숨을 내쉬게 된 것입니다. … 다음에 일컬을 것은 옥석을 가려서 사계(斯界)의 적년(積年)의 폐단을 깨끗이 하게 된 것입니다. 이것은 협회 자신의 능력으로는 도저히 될 일이 아닙니다. 주무 관청의 통제의 힘입니다마는 이 힘의 발동을 보게 된 것은 극협(劇協)이 생긴 까닭입니다. 그래서 앞으로는 내용이 실(實)떱지 못한 단체나, 소행(素行)상 또는 연극인으로서의 태도에 있어 불순, 불성실하다고 인정된 개인에게는 단연 무대에서 물러가게 하는 제도입니다.
>
> -『삼천리』, 1941. 3.

조선연극협회 결성을 주도하고 초대 회장을 맡은 이서구의 소회이다. 국민으로서 자부심을 주었을 뿐 아니라 당국의 협조를 받아 연극계를 '정화'하는 데 협회가 역할을 할 것으로 기대하고 있다. 이어서 이서구는 협회 운영과 관련 당국과 협조 관계를 어떻게 풀어 나갈 것인지 설명하면서 협회가 지닌 관변 단체로서의 성격을 분명히 하고 있다.

> 극협(劇協)의 제반 처사는 다섯 사람의 이사가 이를 작정(作定)합니다. 이 이사는 전부 당국에서 승인을 받은 사람들입니다. 그 위에 이사회의 결의 사항은 반드시 주무 관청의 승인을 얻고야 실행한다는 것입니다. 얼른 생각하면 마치 당국에 매여서 지내는 것 같을지도 모르나, 여기에 묘미가 있다고 봅니다. 극단 사람들이 요청하는 바 실정을 당국에 대변을 하여 좋은 해결을 보도록 하는 게 극협의 갈 길이면, 당국에서 하고자 하는 의도를 눈치 빠르게 알아다가 극단 사람들에게 알아듣게 깨닫게 전해서 당국과 보조를 일치해 나가는 데도 극협의 갈 길이 있다고 봅니다.
>
> 3월 1일이 되면 극협에 가입치 않은 극단체는 조선 안에서는 무대에 나서지 못하게 됩니다. 그러므로 이미 가입된 아랑, 호화선, 예원좌, 국민좌(전 노동좌), 극단 고협, 황금좌, 청춘좌, 연극호, 조선성악연구회 아홉 단체 외의 다른 단체에는 일정한 표준을 세워서 단체 내용의 심사를 한 뒤에 이사회를 열어, 가결이 되면 그 의견을 당국에 가져갑니다. 당국은 따로이 실정 조사를 하여 내용이 충실하다고 인정할 때 비로소 신가입을 허(許)하게 되는 것이니, 첫째, 경영자의 재정적 실력, 둘째, 단원들의 질과 양을 고루고루 보살피게 되는 것이니, 만일에 새로이 가입하기를 원하시는 분은 충분한 내용을 갖추어서 나설 것이라고 생각합니다.
>
> – 『삼천리』, 1941. 3.

이러한 조건에서 민간 단체로서 조선연극협회의 자율성이나 독립성은 기대하기 어려웠다. 3월 1일 이후 시행될 협회 비가입 연극 단체의 활동 통제에 대해서도 문제의식은커녕 협회의 이익과 일치하는 것으로 판단하고 있다. 오히려 당국과의 유착에 의한 협회의 활동이 지닌 묘미를 설파하고 있다.

이렇듯 협회에 가입하지 않으면 공연 자체가 불가능한 통제 상황이 되자 협회 가입 극단이 계속 늘어났다. 1941년 2월 평화좌, 연협, 방공극단, 금희좌, 금성좌, 화랑, 예우극단 등 일곱 극단이 추가로 협회에 가입하여 16극단으로 확대되었다. 이 일곱 극단 또한 총독부 경무국의 허락을 받아 가입한 것이며, 3월부터는 협회에 가입하지 않은 극단은 공연을 할 수 없도록 통제할 것이라는 상황을 고려한 것이었다. 1941년 7월이 되면 협회 가입 극단은 23단체로 늘어난다. 여기에는 국민좌, 연협, 청년극장, 신생좌, 만월부대, 대륙좌 등 지방 극단이 포함되어 있다.

나아가 1942년 7월 26일 조선연극협회와 조선연예협회(朝鮮演藝協會)가 통합하여 조선연극문화협회로 재출범하면서 보다 넓은 범위를 포괄하는 체제 정비가 이루어졌다. 이 통합 역시 총독부 경무국이 주도하였는데, 26일 오전 10시 조선연극협회, 낮 12시 조선연예협회가 차례로 해산식을 갖고, 오후 2시 조선연극문화협회라는 이름으로 창립총회를 갖게 된다. 총회에서는 창립위원장 가라시마의 인사말, 단게(丹下) 경무국장의 훈시(야기과장 대독)와 그 외 내빈의 축사가 있었다. 이 창립총회에는 구라시게(倉茂) 『매일신보』 보도부장, 야기 총독부 경무과장, 야나베(矢鍋) 국민총력연맹 문화부장, 나가사키(長騎) 대화숙장(大和塾長) 등 내빈과 각 단체 대표

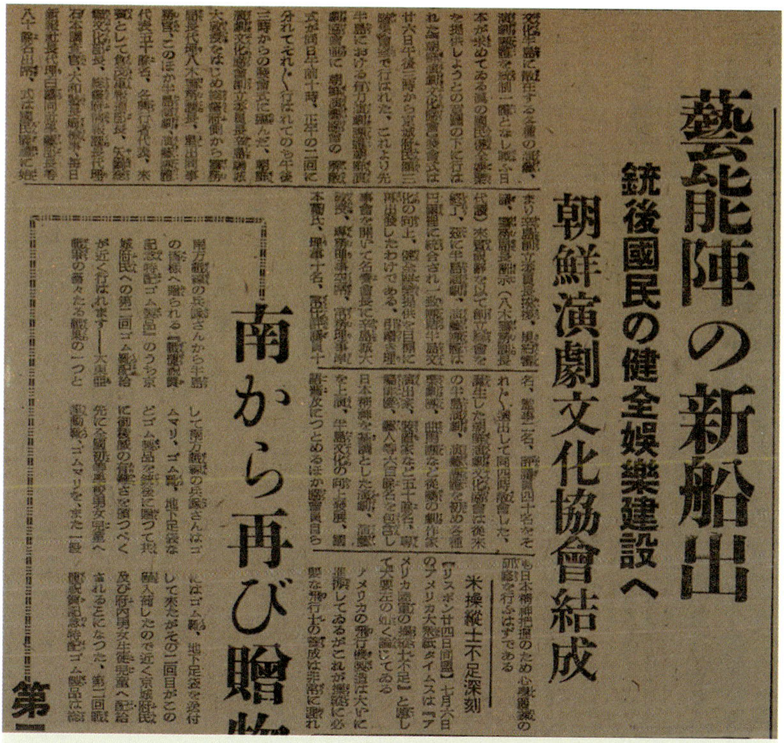

藝能陣の新船出

銃後國民の健全娛樂建設へ

朝鮮演劇文化協會結成

米操縱士不足深刻

南から再び贈物

〈그림 9〉 조선연극문화협회 결성을 소개하는 신문 기사. 후방 국민들의 건전 오락 건설을 위해 예능인 대열이 새롭게 출범했다는 의미를 부여하고 있다.

출처: 『경성일보』, 1942.7.27.

자 등 백여 명이 참석하였다. 총독부 경무국이 주관한 관제행사임을 알 수 있다.

그런데 양 단체의 해산 총회에서는 십수 개의 단체를 해산 통합케 하여 이 새 협회에는 경무국에서 인정하는 우수 단체만이 가맹되었으며, 역원(役員)들도 전번 두 협회에서 절충한 조건과 인수로서 충당케 하여 업자(業者)

를 빼놓은 작가와 관계인 중에서 이사를 선정하고 단체 관계자는 경성 재주자(在住者)에 한한 상임평의제를 채택하는 등 전자 두 협회에서 적지 않은 개혁을 보였다.

-『매일신보』, 1942. 7. 27.

이 기사를 보면 두 협회의 통합에 앞서 협회 가맹 단체들의 통폐합이 선행되었음을 알 수 있다. 이 모든 과정을 총독부 경무국이 주도하였음은 물론이다.

이 창립총회에서 회장과 전무는 선임하지 못했고, 명예회장에 가라시마, 상무이사에 김관수, 이사에 서항석 외 7명, 간사에 변기종 외 1명, 상임평의원에 유치진 외 7명을 선임하였다. 1942년 말 조선연극문화협회 가맹 단체는 이동극단 2개 · 극단 13개 · 악극단 8개 · 창극단 3개 · 곡마단 9개(뒤에 5개로 되었음) · 만담반 1개 등 모두 36개 단체에 이르렀다. 그 회원 수는 남성 540명, 여성 380명, 찬조원 10명 등 모두 930명이었다.

나. 회원증 제도를 통한 연극인의 활동 통제

일제는 단체의 통합과 통제에 그치지 않고 연극에 참여하는 개인에 대한 통제 관리도 시행하였다. 1937년 경기도 보안과에서 흥행규칙을 개정하여 배우들의 등록 제도 또는 감찰 제도를 도입하고자 연구한 바 있으나 시행되지는 않았다. 배우들의 신분증을 만들어 '보호'하는 관리 제도를 도입하겠다는 것이 요체였다. 1940년 8월 1일 「조선영화령」 시행으로 영화배우의 등록증명서가 먼저 도입되었으나 연극 분야는 제도 정비가 늦어지는 바람에 1944년 5월 「조선흥행등취체규칙」이 제정되면서 제도적으로 완성되었다. 법령 제정이 늦어지자 조선연극협회에서는 1941년 4월부터 자체 관리 방식의 협회 회원증 제도를 도입하였다.

> 국민총력전(國民總力戰) 아래서 연극계의 신체제를 위하여 출발한 조선연극협회에서는 이번에 4월 1일부터 소속 단체 열여섯 단체의 회원 5백여 명에 대하여 회원증을 발행하기로 된바 이 회원증이란 것은 '연극령'이 아직 실시되지 않은 조선에서는 '연기증(演技證)'을 대신하는 것이 되므로 금후부터 이 회원증이 없으면 누구나 무대에 출연할 수 없게 되었다 한다.
>
> -『매일신보』, 1941. 4. 2.

조선영화령처럼 「조선연극령」이 제정되면 '기예자증명서'가 발급될텐데, 우선 이와 동일한 기능의 협회 '회원증'을 발급했던 것이다. 법령에 기반한 제도적 장치는 아직 없었지만, 연극협회라는 통제기구가 만들어져 있었기에 개인에 대한 통제도 용이하게 실행할 수 있었다. 연극협회 가입 단체가 아니면 공연을 할 수 없었고, 또 회원증이 없으면 무대에 설 수 없도록 관리하는 체계가 만들어진 것이다.

통합 출범한 조선연극문화협회에서는 1944년 4월 자체 예규를 제정하여 연극인에 대한 통제를 강화하는데, 1차로 전 회원 대상 자격심사를 실시한다.

> 조선연극문화협회에서는 '결전비상조치령(決戰非常措置令)'에 의하여 회원의 자질 향상과 각 극단의 내용을 쇄신하고자 지난 4월 6일부터 16일까지 전 회원의 자격심사를 시행하고 다시 지난 1일 심사위원회에서 최종심

사를 한 결과 합격자와 가(假) 합격자를 결정하였는데 합격자는 전 회원을 통해서 322명이며 가 합격자는 63명이다. 그리고 동 협회에서는 이를 계기로 하여 각 단체가 한층 확고한 신념 아래 더욱 연극문화운동의 수준을 높이도록 하고자 다음과 같은 예규를 결정하였다.

(가) 심사한 결과 실격한 회원은 금후 연극행동이 상실되었으므로 절대로 무대행동을 정지할 것

(나) 회원의 자격을 가진 자로서 소속 단체를 떠나거나 이동할 때는 사전에 협회의 양해를 얻을 것

(다) 상연 각본 중 아동역이 필요한 경우에는 곧 출연자의 부모 승낙서와 소괄 학교장 승낙서를 첨부하여 임시출연증명을 받을 것

(라) 기타 단체 운영에 대해서는 협회의 지시에 따라서 행동을 할 것

-『매일신보』, 1944. 5. 10.

여기서 말하는 '결전비상조치령'은 1944년 3월부터 시행된 연극연예흥행비상조치요강을 말한다. 1944년 2월 일본 내각 결의로 공포된 결전비상조치요강의 15개 항목 가운데 하나인 '고급향락 정지'의 조선판이라 할 수 있는 이 요강에 따라 영화나 연극의 흥행에 대한 직접적인 통제 조치가 가능해졌다. 결전비상조치가 시행되는 상황이 되자 협회가 적극적으로 나서서 연극인에 대한 통제 관리를 시행했던 것이다. 협회에서는 앞의 시험에 응시하시 못한 회원과 새로 입회하려는 사람을 대상으로 5월 25일 추가시험을 실시하기로 한다. 이 시험은 논문 시험과 실기 시험으로 나누어 시행되었는데, 첫날에는 '국민연극의 나아갈 길'이라는 제목의 논문 시험이, 둘째 날에는 대본낭독 · 연기 · 면접 등 실기 시험이 진행되었

다. 그 사이 조선흥행등취체규칙이 제정되었고, 9월 1일부터 시행됨에 따라 '기예자증명서' 제도가 공식화되었다. 이제 협회 회원증이 아닌 기예자 증명서가 있어야 무대에 설 수 있게 되었다. 조선연극문화협회에서는 3차 심사를 추진하여 그에 대비하고 있다.

> 문화전사(文化戰士)로서 나서서 반도의 국민극을 향상, 발전시키는 데서 크나큰 희망과 열정을 가지고 힘찬 출발을 하려는 연극인들의 소질과 기

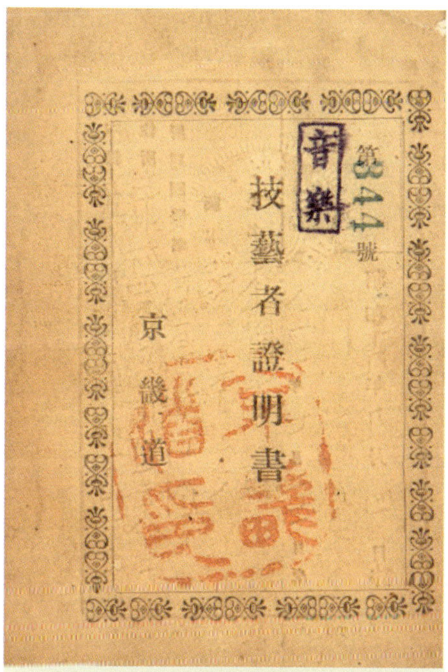

〈그림 10〉 1944년 경기도에서 발급한 기예자증명서(음악). 당시에는 기예자증명서가 없는 예술인은 무대 출연을 하지 못하도록 통제하였다.

출처: 대한민국역사박물관

량의 향상을 꾀하고자 조선연극문화협회에서는 연극연예 기예자 자격심사를 실시하여 왔다. 그 전 두 차례에 걸친 기예자 자격심사는 예기(豫期) 이상의 성과를 올렸는데 이번 제3차 기예자 심사를 다음과 같이 실시하기로 되었다.

응모자 범위는 연극연예 기능자로서 전번 시험에서 실격된 자와 신인에 한하는데 원서는 이력서와 최근 촬영한 사진에 수험료를 첨부하여 8월 25일 정오까지 정동정 조선연극문화협회에 제출하여 주기를 바란다.

심사일은 26, 27, 28 사흘 동안 태평통 부민관 중강당에서 관계 당국자와 협회 측 시험위원의 입회 아래 실시할 터로 지원자는 필기도구를 가지고 오전 8시까지 시험장에 와 주기를 바란다.

-『매일신보』, 1944. 8. 22.

새로운 제도의 '기예자 증명'을 위한 자격 심사는 앞서 두 차례 진행한 회원 심사의 연장선상에서 등장한 것으로 보인다. 연극 배우들은 이후 광복이 될 때까지 그 증명서 없이는 무대에 설 수 없는 상황이 계속되었다.

다. 통첩을 통한 회원들에 대한 직접 지시와 통제

조선연극협회나 조선연극문화협회 등 협회 조직은 연극인들의 자발적 참여 형식을 띠었지만 조선 총독부에서 직접 기획하여 조직한 것이었고, 그 기관의 성격도 '연극 지도기관'으로 명확히 한 바 있다. 협회는 이동공연이나 연극경연대회와 같은 사업을 추진하면서 동시에 전시동원 체제와 관련한 당국의 통제와 지시를 연극 단체나 연극인에게 직접 전달하는 중간 기관의 역할도 충실히 하였다.

드디어 전단(戰端)은 열렸다. 이는 우리들 국민이 다같이 예기(豫期)하였던 사실로서 이제 새삼스러이 말할 필요가 없다.

용장무비한 우리 육해황군(陸海皇軍)의 광휘 있는 승리가 있을 것을 굳게 신뢰하고 만약 여하한 고난에 조우할지라도 이는 평소부터 아등(我等) 국민이 당연히 질 바 총후의 책무로서 금후 더욱더욱 단결을 견고히 하여서 태연자약 대국민(大國民)인 금도(襟度)를 시(示)할 때이다. 인하여 자금(自今) 각 극단 및 기타 회원에 있어서는 당국 또는 협회로부터의 일정한 지시가 있을 때까지 일사불란(一絲不亂)의 태세를 견지하여 직역봉공의 실(實)을 거(擧)하기를 바라마지 않는 바이다.

그리고 각 극단원 일반 연극인에게 발(發)하는 특별지시사항은 별항과 같다.

1. 종래 상연하여 오던 각본 중 필승태세에 알맞지 않은 것은 곧 자발적 철수를 단행할 것
2. 개연(開演) 전에는 10분 내외를 기해 전원이 무대에서 애국가요의 제창(齊唱)을 행하여 사기를 고무할 것
3. 회원들은 금후 더욱더욱 자숙자계(自肅自戒)하여 금주·금연을 결행하고 종연(終演) 후는 불필요한 외출을 굳게 계(戒)하여 전시하(戰時下) 국민으로서의 도(道)를 그르치지 말 것
4. 각 애국반에서는 금주·금연 또는 불요불급한 물자의 구입을 금하고 견적액의 저축을 여행(勵行)할 것
5. 각 극단에서는 협회와의 연락을 종래보다 더 일층(一層) 긴밀히 하고

비상사태에 선처(善處)할 것

-『매일신보』, 1941. 12. 11.

조선연극협회 창립 1년이 지난 시점에 협회가 회원들에게 보낸 통첩 중 하나다. 미국, 영국과의 개전을 계기로 연극계도 필승태세를 갖추어 '연극보국(演劇報國)'에 힘쓰자는 것인데, 실행 내용을 보면 공연에 앞서 무대에서 애국가요를 제창하고, 시국에 맞지 않는 대본은 알아서 철수하고, 금주, 금연 등 자숙하며 지내자는 것이다. 특히 어떤 작품이 시국에 맞는 작품인가는 이어진 통첩에서 명시하고 있다.

1. 상연 작품 전시화(戰時化)에 관한 건

(가) 미영(미국과 영국) 배격 강조한 작품의 상연: 종래 미국과 영국의 동아에 있어서 침략적 야망 비행의 가지가지를 실례를 들어서 이를 배격 강조한 각본의 상연을 할 것

(나) 전시 생활 강화 작품의 상연: 필승태세하에 있어 국민 일반의 생활 수준을 낮추고 직역봉공의 만전과 아울러 저축 여행의 철저를 기할 각본을 상연할 것

(다) 건전한 일본적 작품의 상연: 유구 2천6백 년간 한 번도 져 본 일이 없는 일본의 역사적 편린을 규지할 수 있는 것과 용사무비한 국민성을 취급한 것을 상연하여 일반의 사기앙양을 기할 것

(라) 대동아전쟁 수행목적 천명 작품의 상연: 정의에 입각하여 대동아공영권 확립을 위해 폭려(暴戾) 극(極)한 미영 타도를 하고 이 성전(聖戰)의 목적이 어디(奈邊)에 있는가를 밝힌 작품의 상연을 할 것

(마) 미영 작품, 미영 사상적 작품의 불상연(不上演): 미국 및 영국인의 작품을 번역한 것과 미영 사상을 넣은 작품은 절대적으로 상연치 말 것

2. 예능인(회원)의 생활 자숙에 관한 것

지난 12월 8일부 연협 제597호로서 통첩 지시한 '대(對)미영 개전에 반(伴)한 통첩 급 지시에 따른 건'에 의해 자숙자계하여 총후 전사로서 직역봉공의 실(實)을 올리고 연극문화인인 금도(襟度)를 견지할 것

3. 각본 지정에 관한 건

금후 극단에서 각본 상연할 때 협회의 역직원(役職員)에게 수시 임관(臨觀)을 얻어 전시하에 상응치 않은 것은 상연을 정지하고 또는 협회에서 선출한 각본을 상연 지정할 수도 있다.

4. 봉사 공연에 관한 건

각 극단에서 순연(巡演) 일자의 경우 또는 기타의 사유에 인해 휴연(休演)할 경우 등을 이용하여 여하한 장소를 불문하고 그 지방의 주민에게 건전 오락을 제공하여 총후 국민의 사기를 고무하는 의미에서 될 수 있는 한 무료 또는 저렴한 입장료로써 봉사 공연할 것

– 『매일신보』, 1941. 12. 26.

1941년 12월 19일 국민총력조선연맹에서 연맹 사무국장 사회로 연극 및 연예 관계자가 참석한 가운데 전시오락(戰時寤樂)에 대한 간담회가 있었다. 이 간담회의 주요 결정사항을 연극협회가 회원들에게 통첩한 것이다. 이 통첩에서는 향후 각 극단이 공연할 수 있는 작품의 카테고리를 정해 주었을 뿐만 아니라 각본을 선정할 때 협회 간부들과 사전에 협의하도록 규정하고 있다. 더욱 놀라운 사실은 앞의 12월 11일 자 기사에 인용된 통

첩이 제597호라는 사실이다. 협회 창립 1년 동안 협회가 회원들에게 보낸 통첩이 600개 정도이니 하루에 2개 꼴이다. 통첩의 내용도 내용이려니와 하향식으로 전달되는 형식, 그리고 그 횟수의 빈번함 모두 당시 연극인들이 어떠한 통제 속에서 활동했는지 알 수 있게 한다.

3) '국민연극' 진흥을 통한 연극의 국가 동원

가. 연극 경연을 통한 '국민연극'의 진흥

1942년부터 조선총독부 정보과에서는 조선연극문화협회를 통해 이 시기 대표적인 연극 진흥 사업인 국민연극경연대회를 개최하였다. "건전한 국민연극을 진흥시키고 대중성이 풍부한 연극을 통하여 반도 대중의 국민생활에 건설적이면서도 윤택한 여유를 주도록 하고자" 경연대회를 개최한다는 것이 총독부 정보과의 설명이다. 오늘날의 연극축제와 유사하게 경연대회를 통해 대중의 관심을 모으는 효과도 있었겠지만, 참가 단체 사이의 경합을 통해 서로 경쟁적으로 '국민연극' 창조에 참여시켜 전체적으로 국민연극의 새로운 방향성과 성과를 만들어 가는 지름길 역할을 기대했을 것으로 추측된다.

조선연극협회에서 준비가 시작된 국민연극경연대회는 1942년 7월 조선연극문화협회가 출범함에 따라 조선연극문화협회 주최로 광복이 되기까지 모두 세 차례 개최되었다.

제1회 국민연극경연대회는 1942년 9월 18일부터 11월 25일까지 부민관에서 열렸다. 총독부 정보과에서 조선연극문화협회 소속 단체 중 우수 단체 다섯을 선발하여 경연에 참여시켰으며, 총독상 1천 원(단체상)을 비롯해 정보과장상 5백 원(작품상), 보도부장상, 국민총력조선연맹 문화부장상, 방송협회장상, 『매일신보』와 『경성일보』 사장상, 연극협회장상 등 각 1백 원(연기상 연출상 장치상에 배당)을 내세워 독려하였다. 조선연극문화협회가 주최하고, 조선총독부 정보과, 국민총력조선연맹, 경성일보사, 매일신보사가 후원하여 진행된 것으로 되어 있지만 실질적으로는 단체와 작품 선정에

〈그림 11〉 제1회 국민연극경연대회에 참가한 극단 현대극장의 《대추나무》 공연 장면. 대추나무를 사이에 두고 다투던 농촌 사람들이 손잡고 만주 개척에 나선다는 유치진의 희곡을 무대화하였다. 조선총독부 정책을 선전하는 연극이다.

출처: 『매일신보』, 1942.10.17.

서부터 총독부 정보과에서 관여하였다. 공연은 각 단체마다 3일씩 진행하였으며, 다섯 공연에서 총 6만 8천여 명의 관객이 관람하였다.

제1회 국민연극경연대회의 입상자를 보면 다음과 같다.

▲ 단체상(총독상) 아랑, 고협
▲ 작품상(정보과장상) 유치진(현대극장《대추나무》)
▲ 연출상 나웅(청춘좌《산풍》) 황도문화협회장상
안영일(아랑《행복의 계시》) 조선연극문화협회장상
▲ 장치상(매일신보사장상) 원우전(청춘좌《산풍》)
▲ 개인연기상 서일성(성군) 황도문화협회장상
유경애(성군) 경성일보사장상
황철(아랑) 조선전보부장상
김양춘(현대극장) 국민총력조선연맹 선전부장상
박학(고협) 경성일보사장상
김선초(청춘좌) 조선방송협회장상

- 『매일신보』, 1942. 12. 18.

제2회 대회는 1943년 9월 16일부터 12월 26일까지 역시 부민관에서 개최되었다. 이 대회에서는 '징병 제도'의 취지를 일반에게 인식시키는 주제를 반영하도록 하고 경연 각본 외에 반드시 1막 정도의 일어극을 상연하도록 하는 조건이 주어졌다. 구체화된 경연 요강을 보면 다음과 같다.

1. 출연 단체: 전선에서 우수한 극단 7개 단체를 전형 출연케 한다.
2. 작품, 연출: 인물과 작품 선정은 자유이나 상연 각본은 생산 확충, 징병 제도 또는 육해군 지원병 제도를 그 내용으로 하고 일본정신을 강조한 예술적인 작품으로 해야 한다.
3. 개최 기간: 대체로 9월 중순부터 11월 중순까지에 1단체당 3일 내지 4일간 출연케 한다.
4. 상: 상은 국어상이 새로 설정되었을 뿐 제1회와 마찬가지다.

-『매일신보』, 1943. 7. 18.

제2회 대회의 참가 단체는 제1회 대회보다 늘어난 여덟 단체로, 예원좌, 황금좌, 태양이 새로 참가했다. 공연은 예원좌 《역사》(송영 작, 나웅 연출, 강호 장치), 성군 《신곡제》(김건 작, 한노단 연출, 김운선 장치), 황금좌 《북해안의 흑조》(이광래 작, 박춘명 연출, 강성범 장치), 청춘좌 《꽃피는 나무》(임선규 작, 박진 연출, 원우전 장치), 현대극장 《황해》(함세덕 작, 유치진 연출, 윤상렬 장치), 고협 《아름다운 고향》(김태진 작, 신고송 연출, 김정환 장치), 아랑 《물새》(박영호 작, 안영일 연출, 김일영 장치), 태양 《밤마다 돗는 별》(양서 작, 전창근 연출, 이승만 장치) 순이었다. 참가 단체가 늘어난 만큼 경연대회 기간도 12월 26일까지로 3개월이 넘는 장기간이 되었다.

'조선어극'에서는 단체상이 없었고, 각본상(정보과장상)에 송영의 《역사》, 연출상(황도문화협회장상)에 안영일(아랑), 연기상에 황철(아랑) · 한일송(청춘좌) · 박영신(아랑) · 임효은(예원좌) · 강노석(청춘좌), 장치상에 김일영(아랑)이 선정되었다. 일본어극에서는 단체상 1등 조선연맹상에 고협, 2등 대화숙상에 황금좌, 개인상으로 연기상 문인보국회장상에 김선영(현대극장), 대화숙상에 심영(고협)이 선정되었다. 당시의 연극평론가 오정민(吳禎民)은 제2회 경연대회

상연작들에서 주제의 적극성이 돋보이며, '싸우는 연극'으로서 기백이 엿보인다고 높이 평가하였다(『신시대(新時代)』 1943.12, 65쪽).

제3회 국민연극경연대회는 1945년 1월 29일부터 3월 7일까지 부민관이 아닌 여러 극장에서 동시적으로 진행되었다. 동양극장에서 청춘좌의 《신사임당》(송영 작, 안영일 연출, 김일영 장치)이 1월 29일부터 2월 7일까지 10일간 공연된 것을 시작으로 신생극단의 《현해탄》(조명암 작, 나웅 연출, 김정환 장치), 성군의 《달밤에 건던 산길》(송영 작, 한노단 연출, 김운선 장치)이 상연되었고, 약초국민극장에서는 예원좌의 《별의 합창》(박영호 작, 이서향 연출, 김정환 장치), 고협의 《상아탑에서》(임선규 작, 이서향 연출, 강호 장치), 중앙극장에서는 황금좌의 《개화촌》(조천석 작, 안종화 연출, 강호 장치), 아랑의 《산하유정》(김승구 작, 안영일 연출, 김일영 장치)이 상연되었다.

이처럼 조선총독부가 나서서 대규모 연극경연대회를 거의 매년 시행한 것은 일면 연극에 대해 지원한 것처럼 보이지만, 그만큼 연극에 대해 적극적으로 개입하고 있음을 말해 준다. 연극을 국책 추진의 한 수단으로 동원한 것이라 할 수 있다. 국책에 맞는 연극은 적극 지원하고, 국책에 맞지 않는 연극은 배제하는 방식으로 '국민연극'을 진흥해 나갔던 것이며, 국민연극경연대회는 그 발판 역할을 했다.

이 외에도 일제는 각 극단의 활동, 특히 지방 순회공연에 대해서도 상당한 물질적 지원을 아끼지 않았다.[10] 이 또한 국민연극을 장려하기 위한

10 원로 연극인 고설봉의 증언에 의하면, 극단원의 기차 운임은 40% 할인을 받도록 제도화되어 있었고, 의상이나 소도구 등의 화물도 역에 가져다 놓으면 역장이 책임을 지고 탁송을 해 주는 방식이었다고 한다. 심지어는 공연 날짜에 맞추기 위해서 군용열차 뒤에 극단 전용객차 한 량을 달아 주는 경우도 있었다고 한다.(고설봉, 1990, 『증언 연극사』, 진양, 92~93쪽.)

'지원'에 지나지 않는 것이었음은 물론이다.

나. 이동연극을 통한 연극의 국가 동원

1940년대 신체제하에서 이동연극(移動演劇)이란 극장이 있는 도시에서 공연하던 연극 관행을 벗어나 극장이 없는 농산어촌(農山漁村)과 광산 등지에서 진행하는 공연을 말한다. 관객이 극장을 찾아오는 방식이 아니라 대중의 생활 공간으로 극단이 관객을 찾아가는 공연이 곧 이동연극이다. 그동안 극단에서 진행하던 순회공연은 교통이 편리한 지방 도시의 극장에서 공연을 하는 것이라면, 이동연극은 아예 산간벽지를 찾아다니며 공연을 했다는 점에서 다르다. 특히 이 시기에는 이동연극을 전담하는 단체가 별도로 조직되어 활동을 했다. 그 대표적인 것이 조선연극협회 직속 이동극단이다.

1940년 12월에 창립된 조선연극협회는 1941년 1월 15일 이사회에서 농산어촌에 파견할 이동극단을 만들기로 결의한다. 이어 5월에 농산어촌에 '건전 오락'을 제공하는 '이동극장'을 결성하기로 결정하고, 설립 당시 해산을 당한 무대인을 기용하여 좀 더 안정적인 생활을 하도록 돕고, 농산어촌의 연극인을 등용하자는 취지에서 조선총독부의 후원을 받아 연구생 모집에 나섰다. 연구생 모집에는 60여 명이 지원하였는데 심사를 통해 남자 11명, 여자 5명을 최종 선정하였다. 이들을 대상으로 6월 25일부터 강습회를 운영하였는데 강좌 과목을 보면 홍해성, 유치진, 김관, 조택원 등이 담당한 연극, 무용, 음악에 관한 전문 과목도 있지만 '과외 강좌'라는 명목으로 시국에 대한 강의가 다수를 차지하고 있었다. 과외 강좌는 조선총독부와 경기도는 물론 국민총력조선연맹, 경성일보사, 경성제

2방송 간부가 대거 강사진으로 활약하였다. 이동극단의 설립 목적이 "오락기관이 결여되어 있는 농산어촌에 건전하고 명랑한 연극을 제공하여 지방문화의 확립과 함께 애국사상을 함양하며 시국 인식을 철저화"하는 데 있었기에 과외 강좌의 비중을 높게 잡았을 것이다. 연구생들은 2개월에 걸친 강습을 마치고 제1대로 편제되었는데, 8월 10일 시연회를 겸해 수료식을 한 후 곧이어 15일경부터 경기도 일대에서 활동할 예정이었다. 제1대의 구성원은 모두 20명이며, 대부분 창씨개명한 이름을 사용하고 있다. 시연회에서 선보인 공연은 송영의 농촌극 《유훈》(2막 4장)이었다. 조선연극협회에서는 《유훈》 외에도 여러 작가의 작품을 이동극단 레퍼토리로 선정하였는데, 확인된 주요 작품은 《유훈》을 포함한 다음 열 편의 작품이다.

> 김건 작, 방공극(防共劇) 《지하의 악수》 전1막
> 송영 작, 시(詩)의 성(聲)(슈프레히콜) 《소제부(掃除夫)》 전1막
> 송영 작, 농촌극 《유훈》 전2막
> 이서구 작, 애국일극본(愛國日劇本) 《익모초》 전1막
> 이운방 작, 어촌극 《어부의 집》 전2막
> 박춘강 작, 농민극 《흙에 사는 사람》 1막 2장
> 마태부 작, 경연극(輕演劇) 《사위 맞는 날》 2장
> 신정승부 작, 경연극 《청춘행진곡》 2장
> 류천장안 작, 경연극 《원고집(元固執)》 1막
> 김건 작, 시국극 《청년과학자》 2막 4장
>
> -『삼천리』, 1941. 9, 88~89쪽

여기에는 송영을 비롯 김건, 이서구, 이운방, 박춘강 등 다양한 작가들의 작품이 포함되어 있다. 주제상으로는 방공극이나 시국극, 형식상으로는 단막극, 경연극, 슈프레히콜(Sprechchor) 등이 있는데, 모두 이동극단에서 공연하기에 적합한 내용과 형식을 갖춘 것으로 보인다.

이러한 준비 과정을 거쳐 실제 이동극단의 공연이 시작된 것은 1941년 9월이었다. 당시 언론에 소개된 이동극단 제1대의 공연 일정은 다음과 같다.

△ 강화군 길상면 온수리 9월 2일, 3일, 강화읍내 4일, 5일, 교동면 대룡리 7일(8일 休)

△ 가평군 외서면 청평리 9일, 10일, 가평읍내 11일(12일 休)

△ 양평군 지제면 청평리 13일, 양평읍내 14일

△ 여주군 금사면 이포리 15일, 여주읍내 16일, 17일

△ 이천군 청미면 장호원리 18일, 19일, 이천읍 20일, 21일

– 『조선신문(朝鮮新聞)』, 1941. 9. 2.

조선연극협회는 출범 직후부터 협회 핵심 사업으로 이동극단 조직을 서둘렀으나 단원 모집, 연습 과정 등에 상당한 시일이 걸렸으며, 1941년 9월 경기도 강화군에서 첫 활동을 시작하게 되었다. 이후 황해도, 평안도 등 서부 지역을 중심으로 활동을 전개했다.

그런데 최초의 이동극단은 조선연예협회 소속 '이동연예단(移動演藝團)' 이었다. 국민총력조선광산연맹이 조선총독부 경무국과 국민총력조선연맹 문화부의 지도 아래 조선연예협회(1941년 1월 출범) 이동연예단을 동원하

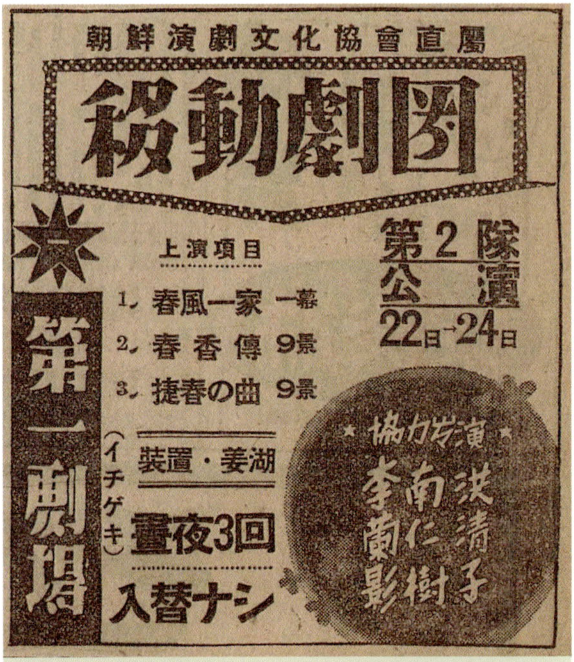

〈그림 12〉 조선연극문화협회 직속 이동극단 제2대(隊)의 극장 공연 광고. 당시 이동극단이 농산어촌 순회공연을 주로 하면서도 특별 공연으로 극장 공연을 하고 있음을 알 수 있다.

출처: 『매일신보』, 1944.1.21.

여 평안남도 광산에서 광산노동자를 대상으로 이동공연을 했다. 이후 조선연극협회와 조선연예협회가 통합되어 조선연극문화협회로 재출범하자, 조선연예협회 소속이었던 이동연예단은 이동극단 제2대로 개편되었다. 송영의 기록에 따르면 1942년 1월부터 11월 사이에 이동극단 제1대와 제2대가 동원한 관객의 총수가 438,750명에 이르렀다고 한다. 특히 악극과 만담 등 대중적 공연으로 구성된 제2대의 관객 동원 규모가 대단했다. 1941년 평안남북도 10개 광산 이동공연에서 20,400명의 관객을 동원하

〈그림 13〉 평안도 10개 광산 이동공연을 떠나는 조선연예협회 이동연예대의 모습. 특별 편성한 기차(화물차)를 타고 이동하고 있다.

출처: 『삼천리』, 1941년 7월호.

였는데, 이는 1개소당 평균 2,400명의 관객이 공연을 관람한 것이다.

이동연극의 활동은 조선연극문화협회 직속 이동극단 외에도, 1941년 가을 국민총력조선연맹에서 극단 현대극장과 연계하여 경남에서 이동연극대를 운영하였으며 이어서 전남에는 이동연예대를 파견한 바 있다.

또한 1942년부터는 매일신보사가 직접 '교화선전차대(敎化宣傳車隊)'를 편성하여 전국을 순회하며 바람을 일으켰다. 매일신보사에서 운영한 이 교화선전대는 영화와 연예를 혼합 편성하고 특별 제작한 자동차(일명 '매신교화선전차')를 이용하여 기동성과 효율성을 높였다. 자동차를 무대로 이용하여 공연이나 영화 상영의 효과도 극대화하였다.

〈그림 14〉 매일신보사에서 운영하던 매신교화선전차의 외관. 배우와 장비를 싣고 이동하여 언제 어디서든 영화와 공연을 펼칠 수 있는 기동성을 갖추었다.

출처: 『매일신보』, 1942.12.6.

〈그림 14〉는 매신교화선전차의 외관인데 이 차량은 대형버스를 개조한 것이다. 1942년 12월 8일 대동아전쟁 1주년을 기념하여 시작한 매신교화선전차대의 활동은 전용 자동차를 이용한 만큼 기동성을 갖추었는데, 영화와 촌극, 만담 등으로 징병제 실시에 대한 선전과 함께 농산어촌 '생산전사'의 '생산보국'에 힘을 보태기 위한 것이었다.

매신교화선전차의 내부 구조를 보면 다음과 같다.

▲ 차체의 내부: 차 안은 3부로 나눌 수 있다. (1) 운전실 (2) 영화실 (3) 무대. 각 부는 벽으로 막혀 있고 영화실과 운전실에는 출입구가 있고 운전실에는 운전석 외에 발전기가 설치되어 있으며 차가 달릴 때는 사람이 앉는 자리가 된다. 영화실에는 여섯 명이 앉는 긴 의자와 움

직이는 의자 5개, 또 필름 넣는 선반, 영사대, 배전판이 있으며 무대는 차가 달릴 때는 물건을 두는 곳이 된다.

▲ 발전실: 20암페어와 20볼트의 발전기로 산간벽지의 전기가 없는 곳에서도 발전을 하여 영사, 라디오, 마이크 장치를 할 수 있다.

▲ 영사기: 포터블 영사기 두 대를 장치하여 모두 모터에 의한 토키용 최신식이고 발전장치는 2A3 구형 앰프이다.

▲ 라디오: 뉴스, 가벼운 음악, 최신 시사해설 방송을 바로 들을 수 있고 또 마이크나 전축으로도 쓴다.

▲ 전기축음기: 군가나 가벼운 레코드를 돌린다.

▲ 무대: 무대를 열면 앞이 20척, 길이 6척의 큰 넓이가 된다. 한 번에 12, 13명은 수용할 수 있다.

– 『매일신보』, 1943. 2. 25.

영화실과 무대, 발전기를 탑재하고 있어 말 그대로 장소의 제약 없이 공연과 영화 상영이 가능한 설비를 갖추고 있다.

첫 출발은 1942년 12월 8일과 9일 경성 공연이었다. 전국 순회를 앞두고 시내 광장이나 운동장 등 야외에서 시범공연을 진행한 것인데, 이 공연에서는 특히 신불출의 만담과 박옥초의 가요와 군가가 인기를 끌었다고 한다.

『매일신보』의 교화선전차대 이동공연은 특히 관객 동원에서 놀라운 결과를 보였는데, 1943년 3월 1일에 시작된 이동공연에서 2개월 만에 30만 명이 넘는 관객을 동원하였다. 일시 귀사한 후 5월 9일부터 다시 중부 지역을 순회하였고, 이듬해인 1944년에도 계속된 매신교화선전대의 이동

〈그림 15〉 경기도 과천에서 열린 매신교화선전차대의 공연 장면. 무대로 변신한 버스 위에서 일장기를 배경으로 남녀 배우가 만담을 하고 있다.

출처: 『매일신보』, 1943.5.12.

공연은 3월부터 12월까지 160개소를 순회하며 96만 명의 관객을 동원하는 성과를 보인다. 매일신보사에서 직영한 '매신교화선전대'의 활동은 그 양과 질에서 이 시기 이동공연을 대표하는 것이라 할 수 있다.

이 시기의 국민연극경연대회나 이동공연 모두 조선총독부 경무국의 지도와 후원이 있었기에 가능한 일이었다. 특히 이동공연의 경우 직접적인 물적 지원 없으면 진행이 불가능했을 것이다. 당시 연극인 사이에서는 이러한 물적 지원을 환영하고, 또 이용하는 측면이 있었다. 하지만 일제 당국의 입장에서는 식민지 조선의 연극 발전을 추구했다기보다 전시 신체제에 맞추어 연극 부문에 대한 국가동원 체계를 구축하여 운영한 것에 지나지 않는다고 할 수 있다.

4) 통제 법령의 일원화와 연극 국가 동원의 제도화

연극 통제 관련 법령의 변화를 보면 1944년에 조선흥행등취체규칙이 새로 제정되기까지는 1920년대에 제정된 각 도 취체규칙이 지역별로 적용되고 있었다.

한편 일본에서는 1937년 중일전쟁 이후 시대 변화에 맞추어 「연극법(演劇法)」과 「영화법(映畫法)」 제정 움직임이 있었는데, 1939년 4월에 영화법이 먼저 제정된다.[11] 일본의 문화계에서는 영화법 제정의 여세를 몰아 1939년 12월 문부성에 '연극, 영화, 음악개선위원회'를 설치하고, 이 위원회를 통해 연극법 제정을 추진한다. 이 위원회에서 제안한 연극법의 개요는 ① 입법 목적에 관한 사항, ② 흥행에 관한 사항, ③ 극단조직에 관한 사항, ④ 연기에 관한 사항, ⑤ 연출에 관한 사항, ⑥ 각본에 관한 사항, ⑦ 각본 검열에 관한 사항, ⑧ 선장(選奬)에 관한 사항, ⑨ 보호에 관한 사항, ⑩ 계발에 관한 사항 등을 담고 있다. 여기에는 연극 검열, 연기자 및 연출자 등록제 도입 등 연극의 국가관리 체계 구축만이 아니라 연극인 표창이나 공제 시설 등 보호 제도까지 포괄하고 있다. 그러나 일본 연극법은 제정되지 않았고, 1940년 2월 「흥행장 및 흥행 취체규칙」을 개정한 「경시청 흥행취체규칙」을 통해 개인 기예자에 대한 허가등록제를 우선 실시하게 된다. 이후 1944년 2월 1일 내무성령 제4호로 「흥행등취

11 1939년 4월 일본 법률 제66호로 공포된 「영화법」이며, 이 법률을 토대로 식민지인 우리나라에 적용하여 제정, 공포된 것이 1940년 1월 4일 자 조선총독부 제령 제1호 「조선영화령」이다. 이 법령의 제정을 계기로 기존의 영화 단속에 관한 규칙들은 폐지되었으며, 1940년 7월 25일 자 조선총독부령 제181호 「조선영화령시행규칙」을 공포하여 8월 1일 자로 시행에 들어간다.

체규칙(興行等取締規則)」이 제정되면서 검열의 일원화와 흥행 허가제를 체계화한다. 이 흥행등취체규칙의 조선판이 다음에 살펴보게 될 조선흥행등취체규칙이다.

조선흥행등취체규칙은 1944년 5월 8일 조선총독부령 제197호로 제정되었다. 이 취체규칙에서는 앞부분에서 '흥행', '상연', '극단', '흥행자' 등의 법적 개념을 명확히 하고 있다.

제1조 본령(本令)에서 흥행이란 영화, 연극, 연예 또는 관물(觀物)을 요금을 받고 공중의 관람이나 청문에 제공하는 행위를 말한다.
제2조 본령에서 상연이란 공중의 관람이나 청문에 제공하기 위하여 연극 또는 연예를 하거나 또는 관물을 개연(開演)하는 행위를 말한다.
제3조 본령에서 극단이란 직업으로서 연극 상연을 하는 단체, 연예단(演藝團)이란 직업으로서 연예의 상연을 하는 단체, 관물단(觀物團)이란 직업으로서 관물의 상연을 하는 단체를 말한다.
제4조 본령에서 흥행자(興行者)란 직업으로서 흥행의 주최 또는 중개를 하거나 또는 직업으로서 극단, 연예단 또는 관물단을 주재하는 자를 말한다.

조선영화령이 제정되었음에도 '흥행'에 영화를 포함하고 있는 부분이 주목된다. 그리고 영화와 연극을 제외한 제반 예능을 '연예'라는 이름으로 포괄한 것도 이 규칙에서 처음 시작된다.

이 취체규칙에서 가장 중요한 부분은 연극 활동에 대한 허가제를 도입했다는 점이다. 즉, 허가를 받지 아니한 흥행자, 기예자, 연출자는 흥행이나 출연, 연출을 할 수 없다는 허가에 관한 규정을 세세하게 담고 있다. 흥행자에 대해서는 제5조에서 제14조까지, 기예자에 대해서는 제15조에서 제18조까지, 연출자에 대해서는 제19조에서 제22조까지의 조항에서 그 허가와 증명, 취소에 관해 규정하고 있다.

여기에서는 연기자에 해당하는 '기예자'의 허가 관련 조항을 살펴보자.

제14조 본령에 의해 기예자의 허가를 받은 자가 아니면 상연에 있어서 직업으로서 기예를 할 수 없다. 단, 14세 미만인 자는 이에 해당하지 않는다.

제15조 기예자의 허가를 받으려고 하는 자는 다음의 사항을 기재한 허가신청서를 주 취업지 도지사에세 제출해야 한다.

1. 본적, 주소, 씨명(업무상의 씨명이 있을 때는 나란히 그 씨명) 및 생년월일
2. 기예의 종류
3. 극단, 연예단 또는 관물단에 소속하려고 하는 자에 있어서는 그 단체의 명칭 및 사무소의 소재지

전항의 허가신청서에는 다음의 서류를 첨부해야 한다.

1. 이력서
2. 조선총독이 지정한 자가 발행한 증명서류
3. 신청자가 미성년자일 때는 친권자 또는 친권자를 대신하여 감독하는 자, 처(妻)일 때는 남편의 승낙을 증명하는 서류, 재학 중인 자일 때는 학교장이 이견을 기재한 서류

제1항 제2호 또는 제3호의 사항을 변경할 때는 지체 없이 그 뜻을 주 취업지 도지사에게 신고해야 한다.

제16조 도지사는 제14조의 허가를 할 때는 양식 제2호의 기예자증명서를 교부한다.

제17조 제9조 내지 제13조의 규정은 기예자에게도 준용한다.

제18조 14세 미만인 자를 상연에 있어서 직업으로서 기예를 하게 하려는 자는 다음의 사항을 기재한 신고서를 주로 취업하려고 하는 지역의 도지사에게 제출해야 한다.

1. 본적, 주소 및 씨명
2. 기예를 하게 하려는 자의 본적, 주소, 씨명(업무상의 씨명이 있을 때는 나란히 그 씨명) 및 생년월일
3. 하게 하려는 기예의 종류

전항의 계서에는 다음에 제시한 서류를 첨부해야 한다.

1. 기예를 함에 적당하다는 것을 증명하는 의사의 건강증명서
2. 기예를 하려는 자의 친권자 또는 친권자를 대신하여 그를 감독하는 자의 승낙을 증명하는 서류, 기예를 하게 하려는 자가 재학 중인 자일 때는 학교장의 의견을 기재한 서류

제1항 각 호의 사항에 변경이 발생할 때는 지체 없이 그 사정을 제1항의 예에 따라 신고해야 한다.

조선흥행등취체규칙 제16조에 따른 '기예자증명서'의 양식을 보면 〈그림 16〉과 같다. 전체 4면으로 구성되어 있으며, 내지 오른쪽 면에 사진을 붙이도록 하였고, 내지 왼쪽에는 이동란(異動欄)이 있어서 주요 변경 사항을 기록하도록 되어 있다.

다음으로 제25조에서 제33조까지는 각본 검열에 관한 규정이고, 제34조

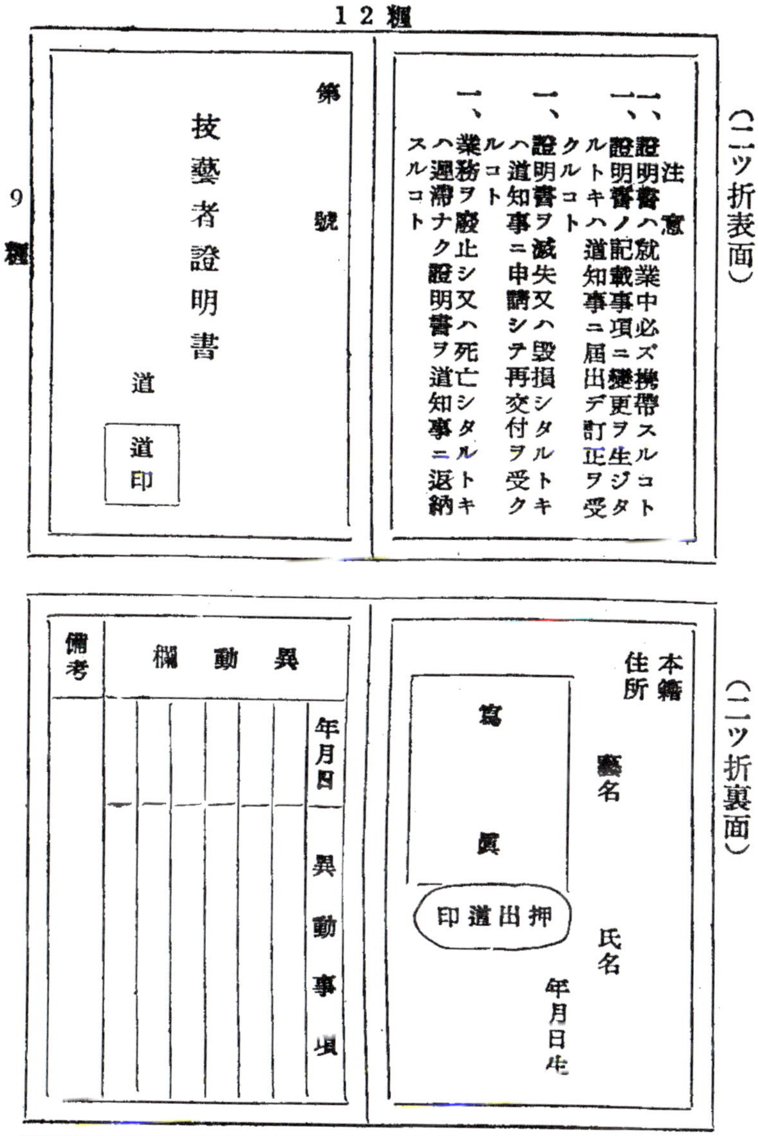

〈그림 16〉 조선흥행등취체규칙 제16조에 따라 도지사가 기예자에게 발급하는 기예자증명서의 기본 양식. 이 증명서가 있어야만 공연 활동에 참여할 수 있었다(번역된 양식은 부록 100쪽 참조).

출처: 『조선총독부관보』, 1044.5.8.

는 현장 취체에 관한 규정이다. 검열을 받지 아니한 각본은 상연할 수 없다는 것이 그 핵심으로 전형적인 사전검열 제도이다.

제25조 연극은 본령에 의한 검열에 합격된 각본에 의한 것이 아니면 상연할 수 없다.

제26조 각본의 검열을 받고자 하는 자는 다음 사항을 기재한 검열신청서 및 검열을 받아야 하는 각본 2부를(조선어로 된 것은 번역문 첨부)를 조선총독에게 제출해야 한다.

1. 본적, 주소 및 씨명(법인에 있어서는 그 명칭, 주 사무소의 소재지, 대표자의 본적, 주소 및 씨명)
2. 각본의 제명(題名) 및 저작자의 씨명(원저작물일 때는 그 제명 및 저작자의 씨명을 나란히 기재해야 한다)
3. 주로 상연하고자 하는 극단의 명칭

한 도내(道內)에서만 상연하는 각본에 있어서는 전항의 예에 따라 상연지 도지사의 검열을 받을 수 있다.

검열 관청이 필요하다고 인정할 때는 신청한 각본의 저작권을 증명하는 서류의 제출을 명령할 수 있다.

제1항 제1호의 사항을 변경할 때는 지체 없이 그 사정을 당해 각본의 검열 관청에 신고해야 한다.

제27조 검열에 합격한 각본의 일부를 상연에 즈음하여 일시 변경하고자 할 때는 상연지 도지사의 허가를 받아야 한다.

제28조 조선총독부가 행한 검열에 합격한 각본에는 당해 각본에 양식 제4호, 도지사가 행한 검열에 합격한 각본에는 양식 제5호의 합격인

장을 압날(押捺)한다.

제29조 조선총독부가 행한 검열에 합격한 각본의 유효기간은 2년으로 한다.

도지사가 행한 검열에 합격한 각본의 유효기간은 1년으로 한다.

제30조 검열 관청이 특별한 사정이 있는 경우에는 그 검열을 하는 각본에 대해 검열 합격 유효기간의 단축 또는 상연 지역, 기타 제한을 할 수 있다.

검열 관청이 전항의 규정에 의한 제한을 할 때는 당해 각본에 그 취지를 기입한다.

제31조 검열 관청이 특별한 사정이 있는 경우에는 그 검열에 합격한 각본에 대해 검열 합격 유효기간의 단축, 상연 지역, 기타의 제한 또는 검열 합격의 취소를 할 수 있다.

검열 관청이 전항의 규정에 의한 처분을 할 때는 당해 각본에 그 취지를 기입한다. 단, 취소의 경우에는 합격 인장을 말소한다.

제32조 검열에 합격한 각본에 있어서 다음의 각 호의 하나에 해당할 때는 합격 인장의 재압날(再押捺)을 당해 각본의 검열 관청에 신청할 수 있다.

1. 각본에 압날한 합격 인장을 훼손할 때
2. 합격 인장을 압날한 각본을 멸실하거나 또는 훼손하였을 때

전항 제2호의 경우에 있어서는 다시 각본 1부를 제출해야 한다.

제33조 본령 시행구역 외를 주 취업지로 하는 기예사 또는 연출자에 있어서 단기간 체재하여 그 업무에 종사하려고 하는 자는 그 취업 허가를 주 취업지의 도지사에게 신청해야 한다.

전항의 신청이 있을 때는 도지사는 3개월 이내에서 기간을 정하여 그 취업 허가를 할 수 있다.

제34조 행정관청은 해당 관리로 하여금 상연 또는 흥행을 하는 장소에 임검(臨檢)하게 할 수 있다. 이 경우에는 그 신분을 나타내는 증표를 휴대하도록 해야 한다.

이 취체규칙에 보이는 검열 제도의 특징은 조선총독부 검열과 각 도지사 검열로 검열 체계를 이원화하고 있다는 점이다. 도지사 검열은 그 유효기간이 1년으로 1920년대 취체규칙과 동일한 조건을 유지하였고, 새롭게 도입된 조선총독부 검열은 유효기간을 2년으로 확대하였다.

제35조에서 제37조까지는 흥행자, 기예자, 연출자 등 흥행에 종사하는 주요 종사자의 권익에 관한 조항을 담고 있어 주목된다. 그 실행 여부는 확인되지 않지만 이 규칙에서 흥행자조합이나 기예자조합, 연출자조합 또는 그 조합의 연합회의 설치와 관리에 대해 다루고 있는 것은 앞서 본 일본 연극법 제정 논의에서 제안된 내용이 그대로 수용된 것으로 보인다. 따라서 일본에서 연극법이 제정되고 그것을 식민지 조선에 적용하는 조선연극령이 만들어진 것은 아니지만, 일본에서 있었던 연극법 제정 논의가 내용적으로 식민지 조선에 수용된 것으로 볼 수 있다.

일제의 연극 통제와 관련하여 조선흥행등취체규칙이 지닌 몇 가지 의미를 정리해 보면 다음과 같다.

첫째, 연극 통제에서 전국적으로 통일적인 취체규칙이 정비되었다는 점이다. 식민지 조선의 법령의 체계로 연극 통제 관련 법령의 제정이 본격화한 것은 1920년대였지만 각 도별로 규칙을 제정하여 운영하였던 것이고, 조선총독부에서 관장하는 통제 체계는 1944년에 이르러 이루어졌기에 영화 분야에 비해 고도화가 지체된 것으로 보인다.

둘째, 연출자, 흥행자, 연기자 등 연극 분야에 종사하는 개별 인력에 대한 등록제가 도입되고, 그들의 활동 허가제가 도입됨으로써 연극에 대한 국가관리 체계가 확립되었다고 볼 수 있다. 이는 특히 전시동원 체제 구축이라는 환경에 맞춘 연극계의 동원 체계 구축에 다름 아니라 할 수 있다.

셋째, 이때 제정된 조선흥행등취체규칙이 해방 이후 독립국가 대한민국의 연극 행정 법제로서 효력을 지속하였다는 점이다. 1961년 「공연법」이 제정되면서 비로소 이 취체규칙의 폐지가 공식화되었다. 이 취체규칙은 공연법 제정 시까지 대한민국의 법률로서 지위를 가지고 '흥행'의 제 분야, 즉 연극, 영화, 연예 분야의 유일한 법적 근거로 작동하였던 것이다. 식민지 유제의 살아 있는 증거가 아닐 수 없다.

5

'문명'의 이식으로서 연극 침탈

일제강점기 연극 분야에서 진행된 침탈 과정은 이식(移植), 검열, 공연 중지, 연극인 구속, 국책연극의 진흥 등 다양한 양태를 보인다. 일반적으로 일제의 침탈이라 하면 우리나라의 자원을 빼앗아 가져 나가는 이출(移出)의 양상을 보이지만, 연극과 같은 문화적 영역에서는 일제가 우리 연극에 미친 다양한 행위, 특히 일본에서의 관례나 제도를 이입(移入)하는 방식의 침탈이 큰 흐름을 형성하고 있다. 서양과의 직접적인 교류에 의해 근대극이 만들어졌다기보다 일본을 경유하고, 일본 연극계의 매개를 통해 우리 근대극이 형성, 발전되었기 때문에 크든 작든 일본의 영향을 제외하고서는 우리 근대극의 역사를 설명하기 어렵다. 그런데 바로 그렇기 때문에 일제의 강점하에 있던 식민지 조선의 연극에 대한 침탈이 외형적으로는 근대적 관행의 도입이나 그 발전의 양태를 띠고 있었다고 할 수 있다. 한마디로 '문명의 얼굴을 한 침탈'이 전 시기를 관통하는 기본 성격이었다고 볼 수 있다. 다만 세부적 국면마다 주도하는 양태는 다르게 나타났다.

첫 번째 시기인 강제병합에서 3·1운동이 발생하기 전까지, 주로 1910년대에는 전통 연희는 배제하면서 일본에서 발전한 신파극을 이식하는 방식으로 침탈이 발생하였다. 극장 공간에 대한 풍속과 위생을 앞세운 경찰의 직접적인 단속으로 '눈물 연극'으로 대표되는 신파극이 1910년대 주류 연극으로 자리를 잡게 되었다.

두 번째 시기인 3·1운동에서 중일전쟁 발발까지 1920~1930년대에는 사회비판적 신극, 특히 카프 연극부를 중심으로 하는 사회주의 연극에 대해서는 검열을 통한 공연 금지나 임석 경관에 의한 공연 중지와 같이 문제되는 공연 활동을 물리력으로 막는 방식으로 이루어졌다. 1920년대 중반 흥행취체규칙이 만들어진 것은 당대 연극계에서 당국의 단속이 필요한 공연이 하나의 흐름을 형성하고 있었다는 것을 말해 주는 것이기도 하다. 가장 강한 방식의 침탈은 극단 신건설의 경우처럼 치안유지법 등을 통해 일단 인신 구속한 상황에서 해산계를 제출하도록 하는 방식으로 극단 자체의 활동을 원천 봉쇄한 경우이다. 반면 사회질서 관점에서 문제가 되지 않는 연극에 대해서는 금지하지 않았기 때문에 결과적으로 이 시기 주류 연극이라 할 수 있는 신극은 자연주의 경향으로 유도되고, 1910년대의 신파극이 대중연극으로 발전해 나가는 양태를 보였다. 이는 우리 연극에 대한 침탈의 결과인데, 검열과 공연 중지가 반복되면서 연극인들의 '자기검열' 기제가 작동하여 결과적으로 당대가 요구하는 시대정신을 훼손하면서 체제 순응적 공연으로 나아가도록 길들여졌던 것이다.

세 번째 시기인 중일전쟁 이후 광복까지는 일제 당국이 적극적으로 연극을 동원하는 방식으로 침탈이 이루어졌다. 특히 조선연극협회가 출범한 이후에는 극단과 연극인에 대한 직접 관리 체계가 만들어지며, 공연 작품과 활동 방식 모두 조선총독부 경무국이 직간접으로 관리하는 단계에 이르게 된다. 이러한 활동 방식을 종합한 것이 1944년 조선총독부령으로 제정된 조선흥행등취체규칙이다. 특히 이 시기에는 당국이 지도하고 후원하는 방식으로 국민연극경연대회나 이동공연이 대규모로 전개되는데, 외형적으로는 당국에서 적극적으로 연극 진흥을 위해 지원을 아끼지 않은 시기로 볼 수 있다. 문제는 국책을 따르지 않는 연극이나 연극인에 대해서는 활동 자체가 불가능하도록 강력하게 배제하면서 시책을 선전하는 '국민연극'에 한정하여 지원을 강화하였다는 사실이다. 더욱이 연극인에 대한 사상 훈련을 강화하여 그 내면을 개조하여 지배하였기 때문에 이 시기의 연극 침탈이 가장 고도화되었다고 볼 수 있다. 그렇기에 이 시기에 일제 당국의 연극에 지원이 늘어나 연극 진흥이 활발해질수록 연극에 대한 침탈 또한 강화되었던 것이다.

참고문헌

• 『대한매일신보』, 『동아일보』, 『매일신보』, 『부산일보(釜山日報)』, 『조선신문(朝鮮新聞)』, 『조선일보』, 『조선중앙일보』, 『황성신문』.

• 고설봉, 1990, 『증언 연극사』, 진양.
• 김재석, 2022, 『한국 근대연극사 1』, 연극과인간.
• 문옥배, 2013, 『한국공연예술통제사』, 예솔.
• 박영정, 1997, 『유치진 연극론의 사적 전개』, 태학사.
• ______, 2007, 『한국 근대연극과 재일본 조선인 연극운동』, 연극과인간.
• ______, 2007, 『연극/영화 통제정책과 국가 이데올로기』, 월인.
• 부산이사청, 1909, 『부산이사청법규류집』, 부산이사청.
• 上田龍男(이영근), 1943.1, 「戰時下娛樂の再編成」, 『朝光』.
• 서항석, 1942.12, 「금년의 극계」, 『춘추』.
• 송혜영, 2002, 「부산일본전관거류지(釜山日本專管居留地)의 형성과 변화에서 나타난 건축적 특성에 관한 연구」, 한국해양대학교 석사학위논문.
• 신고송, 1945.12, 「죽은 동지에게 보내는 조사-나의 죽마지우 이상춘 군」, 『예술운동』.
• 吳禎民(오정민), 1943.12, 「演劇の一年」, 『新時代』.
• 이서구, 1941.3, 「신체제와 조선연극협회 결성」, 『삼천리』.
• 이승희, 2014, 「전시체제기 연극통제시스템의 동원정치와 효과」, 『상허학보』 41.
• ______, 2015, 「'공연법'에 이르는 길-식민지검열에서 냉전검열로의 전환, 1945-1961」, 『민족문학사연구』 58.
• ______, 2021, 「'공연법'의 성립-식민지 유산과 냉전의 동학」, 『한국극예술연구』 73.
• ______, 2021, 『숨겨진 극장-식민지 흥행장의 치안과 풍속』, 소명출판.
• 정근식, 2008, 「검열에서 선전으로-일제하 조선에서 베트남담론의 추이」, 『사회와 역사』 80.
• ______, 2012, 「식민지검열과 '검열표준'-일본 및 대만과의 비교를 통하여」, 『대동문

화연구』 79.
• ______, 2013, 「식민지 전시체제하에서 검열과 선전, 그리고 동원」, 『상허학보』 38.
• 조명희, 1923, 『김영일의 사』, 동양서원.
• 최철오, 2021, 「초창기 부산 영화사 연구-극장과 영화 흥행 산업을 중심으로(1889년~1925년)」, 부산대학교대학원 박사학위논문.
• 한국영상자료원 편, 2009, 『식민지시대의 영화 검열-1910-1934』, 한국영상자료원.
• 한만수, 2006, 「1930년대 검열기준의 구성원리와 작동기제」, 『동악어문학』 47.
• 함충범, 2015, 「1944년 식민지 조선영화계의 정책적 특수성에 관한 연구: '결전비상조치'에 따른 제도적 변화상을 통해」, 『동북아연구』 30(2).

• 不破祐俊, 1943, 「演劇行政」, 『演劇と文化』, 河出書房.
• 星出壽雄, 1942.1, 「演劇統制の諸問題」, 『國民文學』.
• 辛島驍, 1942.10, 「朝鮮における文化政策の現段階」, 『朝鮮』.

자료

조선흥행등취체규칙[12]

조선총독부령 제197호

조선흥행등취체규칙(朝鮮興行等取締規則)을 다음과 같이 정한다.

1944년(쇼와 19) 5월 8일

조선총독 고이소 구니아키(小磯國昭)

제1조 본령에서 흥행(興行)이란 영화(映畫), 연극(演劇), 연예(演藝) 또는 관물(觀物)을 요금을 받고 공중(公衆)의 관람(觀覽) 또는 청문(聽聞)에 제공하는 행위를 말한다.

제2조 본령에서 상연이란 공중의 관람이나 청문에 제공하기 위하여 연극 또는 연예를 하거나 또는 관물을 개연(開演)하는 행위를 말한다.

제3조 본령에서 극단이란 업(業)으로서 연극 상연을 하는 단체, 연예단(演藝團)이란 업으로서 연예의 상연을 하는 단체, 관물단(觀物團)이란 업으로서 관물의 상연을 하는 단체를 말한다.

제4조 본령에서 흥행자(興行者)란 업으로서 흥행의 주최(主催) 또는 중개(仲介)를 하거나 혹은 업으로서 극단, 연예단 또는 관물단을 주재(主宰)하는 자를 말한다.

제5조 ① 흥행장(興行場)을 설치하려고 하는 자는 그 설치 예정지를 관할

12 조선총독부, 1944.5.8, 『조선총독부 관보』 제5174호, 59~61쪽.

하는 도지사의 허가를 받아야 한다.

② 흥행장의 증축(增築), 개축(改築), 재축(再築), 이전(移轉), 대수선(大修繕) 또는 대변경(大變更) 혹은 양수(讓受)를 하려고 하는 자는 흥행장의 소재지를 관할하는 도지사의 허가를 받아야 한다.

제6조 본령에 의하여 흥행자 허가를 받은 자가 아니면 업으로서 흥행을 할 수 없다.

제7조 ① 흥행자 허가를 받으려고 하는 자는 다음 사항을 기재한 허가신청서를 주 취업지의 도지사에게 제출해야 한다.

1. 본적, 주소, 씨명(법인에 있어서는 그 명칭, 주 사무소의 소재지, 대표자의 본적, 주소 및 씨명) 그리고 업무상의 씨명이 있을 때는 그 씨명 및 생년월일
2. 흥행의 종류
3. 주로 사용하는 흥행장의 명칭, 소재지 및 자기의 소유인가 아닌가 여부
4. 흥행을 하려고 하는 구역

② 전항의 허가신청서에는 다음에 게시한 서류를 첨부해야 한다.

1. 이력서
2. 조선총독이 지정한 자가 발행한 증명서류
3. 극단, 연예단 또는 관물단의 주재자에 있어서는 그 단체의 명칭, 사무소의 소재지, 소속한 기예자(技藝者), 연출자의 본적, 주소, 씨명, 업무상의 씨명이 있을 때는 그 씨명 및 생년월일을 기재한 단체 명부

③ 제1항 제2호 내지 제4호의 사항을 변경한 때는 지체 없이 그 주 취업지의 도지사에게 계출(屆出)해야 한다.

제8조 도지사는 제6조의 허가를 한 때는 양식 제1호의 흥행자증명서(興行

者證明書)를 교부한다.

제9조 제6조의 허가를 받은 자가 그 주 취업지를 다른 도로 변경한 때는 5일 이내에 나중의 주 취업지 도지사에게 계출하여 흥행자증명서에 그 취지를 기입받아야 한다.

제10조 흥행자증명서의 교부를 받은 자는 그 주소 혹은 씨명(업무상의 씨명을 포함한다)을 변경 또는 흥행자증명서를 멸실하거나 혹은 훼손한 때는 그 서환(書換) 또는 재교부를 주 취업지 도지사에게 신청해야 한다.

제11조 제6조의 허가를 받은 자가 그 업무를 폐지하거나 또는 사망하거나 혹은 그 주재하는 단체를 해산한 때는 폐지 또는 해산의 경우는 허가를 받은 자, 사망의 경우는 그 호주 또는 가족이 지체 없이 그 취지를 기재한 계서(屆書)를 주 취업지의 도지사에게 제출해야 한다.

제12조 도지사는 제6조의 허가를 받은 자가 그 품위를 실추시킬 만한 행위를 한 때, 기타 당해 업무에 종사하는 것이 적당하지 않다고 인정된 때는 그 업무의 정지 또는 그 허가의 취소를 할 수 있다.

제13조 ① 전조의 규정에 의해 업무의 정지 또는 허가의 취소를 받은 자는 지체 없이 흥행자증명서를 당해 도지사에게 반납해야 한다.

② 업무정지 기간이 만료된 때에는 흥행자증명서를 본인에게 환부(還付)한다.

제14조 본령에 의해 기예자의 허가를 받은 자가 아니면 상연에서 업으로서 기예(技藝)를 할 수 없다. 다만 14세 미만인 자는 이 제한을 받지 않는다.

제15조 ① 기예자의 허가를 받으려고 하는 자는 다음 사항을 기재한 허가신청서를 주 취업지 도지사에게 제출해야 한다.

1. 본적, 주소, 씨명(업무상의 씨명이 있을 때는 나란히 그 씨명) 및 생년월일

2. 기예의 종류

3. 극단, 연예단 또는 관물단에 소속하려고 하는 자에 있어서는 그 단체의 명칭 및 사무소의 소재지

② 전항의 허가신청서에는 다음에 게시한 서류를 첨부해야 한다.

1. 이력서

2. 조선총독이 지정한 자가 발행한 증명서류

3. 신청자가 미성년자일 때는 친권자 또는 친권자를 대신하여 그를 감독하는 자, 처(妻)일 때는 부(夫)의 승낙을 증명하는 서류, 재학 중인 자일 때는 학교장의 의견을 기재한 서류

③ 제1항 제2호 또는 제3호의 사항을 변경한 때는 지체 없이 그 취지를 주 취업지 도지사에게 계출해야 한다.

제16조 도지사는 제14조의 허가를 한 때는 양식 제2호의 기예자증명서((技藝者證明書)를 교부한다.

제17조 제9조 내지 제13조의 규정은 기예자에게 준용한다.

제18조 ① 14세 미만인 자를 상연에서 업으로서 기예를 하게 하려는 자는 다음 사항을 기재한 계서를 주로 취업하려고 하는 지역의 도지사에게 제출해야 한다.

1. 본적, 주소 및 씨명

2. 기예를 하려는 자의 본적, 주소, 씨명(업무상의 씨명이 있을 때는 나란히 그 씨명) 및 생년월일

3. 하게 하려는 기예의 종류

② 전항의 계서에는 다음에 게시한 서류를 첨부해야 한다.

1. 기예를 하는 데 적당하다는 것을 증명하는 의사의 건강증명서

2. 기예를 하려는 자의 친권자 또는 친권자를 대신하여 그를 감독하는 자의 승낙을 증명하는 서류, 기예를 하려는 자가 재학 중인 자일 때는 학교장의 의견을 기재한 서류

③ 제1항 각 호의 사항에 변경이 발생한 때는 지체 없이 그 취지를 제1항의 예에 따라 계출해야 한다.

제19조 본령에 의해 연출자의 허가를 받은 자가 아니면 상연에서 업으로서 연출을 할 수 없다.

제20조 ① 연출자의 허가를 받으려고 하는 자는 다음 사항을 기재한 허가 신청서를 이력서를 첨부한 후 주 취업지 도지사에게 제출해야 한다.

1. 본적, 주소, 씨명(업무상의 씨명이 있을 때는 나란히 그 씨명) 및 생년월일
2. 극단 또는 연예단에 소속하려고 하는 자는 그 단체의 명칭 및 사무소의 소재지

② 전항 제2호의 사항을 변경한 때는 지체 없이 그 취지를 주 취업지 도지사에게 계출해야 한다.

제21조 도지사는 제19조의 허가를 한 때는 양식 제3호의 연출자증명서를 교부한다.

제22조 제9조 내지 제13조의 규정은 연출자에게 준용한다.

제23조 흥행은 흥행지 소할(所轄) 경찰서장의 허가를 받지 않으면 할 수 없다.

제24조 전조의 규정은 영화, 연극, 연예 또는 관물을 요금을 받고서 공중의 관람 또는 청문에 제공하는 경우에 준용한다.

제25조 연극은 본령에 의한 검열에 합격한 각본에 의한 것이 아니면 상연할 수 없다

제26조 ① 각본의 검열을 받으려고 하는 자는 다음 사항을 기재한 검열 신청서 및 검열을 받아야 하는 각본 2부(조선어로 된 것에 있어서는 역문 첨부)를 조선총독에게 제출해야 한다.

1. 본적, 주소 및 씨명(법인에 있어서는 그 명칭, 주 사무소의 소재지, 대표자의 본적, 주소 및 씨명)

2. 각본의 제명 및 저작자의 씨명(원저작물이 있을 때는 그 제명 및 저작자의 씨명을 나란히 기재해야 한다)

3. 주로 상연하려고 하는 극단의 명칭

② 1도(道)에 한하여 상연하는 각본에 대해서는 전항의 예에 따라 상연지 도지사의 검열을 받을 수 있다.

③ 검열 관청이 필요하다고 인정될 때는 신청 관련 각본의 저작권을 증명하는 서류의 제출을 명할 수 있다.

④ 제1항 제1호의 사항을 변경한 때는 지체 없이 그 취지를 당해 각본의 검열 관청에 계출해야 한다.

제27조 검열에 합격한 각본의 일부를 상연에 즈음하여 일시 변경하려고 할 때는 상연지 도지사의 허가를 받아야 한다.

제28조 조선총독이 행한 검열에 합격한 각본에 대해서는 당해 각본에 양식 제4호, 도지사가 행한 검열에 합격한 각본에 대해서는 양식 제5호의 합격 인장을 압날한다.

제29조 ① 조선총독이 행한 검열에 합격한 각본의 유효기간은 2년으로 한다.

② 도지사가 행한 검열에 합격한 각본의 유효기간은 1년으로 한다.

제30조 ① 검열 관청이 특별한 사정이 있는 경우에는 그 검열을 한 각본에 대해 검열 합격 유효기간의 단축 또는 상연 지역, 기타 제한을 할 수

있다.

② 검열 관청이 전항의 규정에 의한 제한을 한 때는 당해 각본에 그 취지를 기입한다.

제31조 ① 검열 관청이 특별한 사정이 있는 경우에는 그 검열에 합격한 각본에 대해 검열 합격 유효기간의 단축, 상연 지역, 기타의 제한 또는 검열 합격의 취소를 할 수 있다.

② 검열 관청이 전항의 규정에 의한 처분을 한 때는 당해 각본에 그 취지를 기입한다. 다만 취소의 경우에는 합격 인장을 말소한다.

제32조 ① 검열에 합격한 각본이 다음 각 호의 1에 해당하게 되었을 때는 합격 인장의 재압날을 당해 각본의 검열 관청에 신청할 수 있다.

1. 각본에 압날한 합격 인장이 훼손된 때

2. 합격 인장을 압날한 각본이 멸실되거나 또는 훼손된 때

② 전항 제2호의 경우에는 다시 각본 1부를 제출해야 한다.

제33조 ① 본령 시행 구역 외를 주 취업지로 하는 기예자 또는 연출자로서 단기간 체재하여 그 업무에 종사하려고 하는 자는 그 취업 허가를 주 취업지의 도지사에게 신청해야 한다.

② 전항의 신청이 있을 때는 도지사는 3개월 이내에서 기간을 정하여 취업 허가를 할 수 있다.

제34조 행정관청은 당해 관리로 하여금 상연 또는 흥행을 하는 장소에 인검(臨檢)하게 할 수 있다. 이 경우에는 그 신분을 나타내는 증표를 휴대하게 해야 한다.

제35조 ① 흥행자, 기예자 또는 연출자 조합을 설립하려고 하는 때 또는 그 조합의 연합회를 설립하려고 하는 때는 대표자는 다음 각 호의 사

항에 대해 규약을 정하여 도지사의 인가를 받아야 한다. 규약을 변경하려고 하는 때도 또한 같다.

1. 명칭
2. 사무소의 소재지
3. 목적 및 사업
4. 지구(地區) 및 조합원 또는 조합의 연합회원의 자격
5. 역원(役員)에 관한 사항
6. 회의에 관한 사항
7. 회계 및 재산에 관한 사항
8. 기타 중요한 사항

② 전항의 조합 또는 조합 연합회의 지구가 둘 이상의 도에 걸칠 때는 그 설치 또는 규약의 변경에 대해 조선총독의 인가를 받아야 한다.

第36조 다음 각 호의 1에 해당할 때는 조합 또는 조합 연합회의 대표자는 지체 없이 인가 관청에 계출해야 한다.

1. 역원을 선임하거나 또는 해임한 때
2. 총회 또는 역원회를 개최한 때
3. 조합 또는 조합 연합회를 해산한 때

第37조 인가 관청이 공익상 필요하다고 인정될 때는 조합 또는 조합 연합회에 대하여 규약의 변경 또는 해산을 명할 수 있다.

第38조 본령에 규정된 것 외에 흥행 등에 관하여 필요한 사항은 도지사가 정한다.

第39조 다음 각 호의 1에 해당하는 자는 100원 이하의 벌금 또는 구류 혹은 과료에 처한다.

1. 제5조, 제6조, 제14조, 제18조 제1항, 제19조, 제23조(제24조의 규정에 의해 준용하는 경우를 포함한다), 제25조, 제27조, 제33조 제1항 또는 제35조의 규정을 위반한 자

2. 제34조의 규정에 의한 임검을 거부, 방해 또는 기피한 자

3. 본령의 규정에 의한 처분을 위반한 자

제40조 제9조(제17조 또는 제22조의 규정에 의해 준용하는 경우를 포함한다), 제10조(제17조 또는 제22조의 규정에 의해 준용하는 경우를 포함한다), 제26조 제4항의 규정을 위반한 자는 과료에 처한다.

제41조 흥행자, 기예자 또는 연출자는 그 대리인, 호주, 가족, 동거인, 고인(雇人), 기타 종업자가 그 업무에 관해 제39조 제1호 혹은 제3호 또는 전조의 위반행위를 한 때는 자기가 지휘를 하지 않았다는 이유로 처벌을 면할 수 없다.

제42조 본령의 처벌은 그 자가 법인일 때는 이사, 취체역, 기타 법인의 업무를 집행하는 역원에게, 미성년자 또는 금치산자일 때는 법정대리인에게 적용한다. 다만 영업에 관해 성년자와 동일한 능력을 가진 미성년자에 있어서는 이를 적용하지 않는다.

제43조 전 2조의 경우에는 구류의 형에 처할 수 있다.

부칙

제44조 본령은 1944년(쇼와 19) 6월 1일부터 시행한다.

제45조 본령 시행 시점 현재 업으로서 흥행, 기예 또는 연출을 하는 자는 본령 시행일부터 3월까지 본령에 의한 허가를 받지 않고 계속하여 그 업무에 종사할 수 있다.

제46조 본령 시행 전 행정 관청의 검열에 합격한 각본의 유효기간은 종전의 규정에 의한 유효기간으로 한다. 다만 그 기간이 2년을 넘는 것은 2년으로 한다.

〈양식 제1호〉

※ 바탕색은 담청색(淡青色)으로 하고 바깥면 윤곽에 당초(唐草) 모양(模樣)을 두른다.

※ 크기: 세로 9cm × 가로 12cm(접으면 6cm)

제 호

흥행자증명서

도

도인

주의

1. 증명서는 취업중 반드시 휴대할 것
1. 증명서의 기재사항에 변경이 발생한 때는 도지사에게 계출하여 정정을 받을 것
1. 증명서를 멸실 또는 훼손했을 때는 도지사에게 계출하여 재교부를 받을 것
1. 업무를 폐지 또는 사망한 때에는 지체없이 증명서를 도지사에게 반납할 것

년월일							비고
이동사항							

이동란(異動欄)[14]

본적

주소

예명

씨명

사진

압출 도인

년 월 일 생

---

13 이동란(異動欄)에는 변동 사항이 발생하면 기재한다. 다음의 기예자증명서, 연출자 증명서도 그와 같다.

〈양식 제2호〉

※ 바탕색은 담홍색(淡紅色)으로 하고 바깥면 윤곽에 당초(唐草) 모양(模樣)을 두른다.

※ 크기: 세로 9cm × 가로 12cm(접으면 6cm)

주 의

1. 증명서는 취업중 반드시 휴대할 것
1. 증명서의 기재사항에 변경이 발생한 때는 도지사에게 계출하여 정정을 받을 것
1. 증명서를 멸실 또는 훼손했을 때는 도지사에게 계출하여 재교부를 받을 것
1. 업무를 폐지 또는 사망한 때에는 지체없이 증명서를 도지사에게 반납할 것

제 호

기예자증명서

도

도인

본적

주소

예명

씨명

년 월 일생

사진

압출 도인

이동사항	년월일						비고
(欄動異)란동이							

〈양식 제3호〉

※ 바탕색은 담황색으로 하고 바깥면 윤곽에 당초(唐草) 모양(模樣)을 두른다.

※ 크기: 세로 9cm × 가로 12cm(접으면 6cm)

제 호

연출자증명서

도

도인

주의

1. 증명서는 취업중 반드시 휴대할 것
1. 증명서의 기재사항에 변경이 발생한 때는 도지사에게 계출하여 정정을 받을 것
1. 증명서를 멸실 또는 훼손했을 때는 도지사에게 계출하여 재교부를 받을 것
1. 업무를 폐지 또는 사망한 때에는 지체없이 증명서를 도지사에게 반납할 것

년월일	이동 사항

(欄動異)란동이

비고

본적

주소

예명

씨명

사진

압출 노인

년 월 일생

〈양식 제4호〉

※ 크기: 세로 6cm × 가로 4.5cm

부 독 총 선 조
제 호
검열합격
책수 책
혈수 혈
유효기간 자(自) 년 월 일 지(至) 년 월 일

〈양식 제5호〉

※ 크기: 세로 6cm × 가로 4.5cm

도
제 호
검열합격
책수 책
혈수 혈
유효기간 자(自) 년 월 일 지(至) 년 월 일

찾아보기

일제침탈사 바로알기 34
금지된 무대, 동원된 연극–일제의 연극 통제

초판 1쇄 발행 2025년 12월 3일

지은이 박영정
펴낸이 박지향
펴낸곳 동북아역사재단

등 록 제312-2004-050호(2004년 10월 18일)
주 소 서울시 서대문구 통일로 81 NH농협생명빌딩
전 화 02-2012-6065
홈페이지 www.nahf.or.kr
제작·인쇄 (주)동국문화

ISBN 979-11-7161-244-4 (04910)
978-89-6187-482-3 (세트)